Collection Savoir

Nœuds

D1287552

Collection Savoir

Nœuds

Geoffrey Budworth

Broquet

97-B, Montée des Bouleaux,
Saint-Constant, PQ, Canada J5A 1A9
Tél. : 450 638-3338 Téléc. : 450 638-4338,
Internet : http://www.broquet.qc.ca, Courriel : info@broquet.qc.ca

Catalogage avant publication de Bibliothèque
et Archives Canada

Budworth, Geoffrey

Nœuds

(Collection Savoir)
Traduction de: Knots.
Comprend un index.

ISBN 978-2-89000-823-6

1. Nœuds et épissures. I. Titre. II. Collection: Collection Savoir (Broquet
(Firme)).

VM533.B8214 2007   623.88'82   C2006-942126-9

Pour l'aide à la réalisation de son programme éditorial, l'éditeur remercie :
Le gouvernement du Canada par l'entremise du programme d'aide au développement
de l'industrie de l'édition (PADIÉ) ; la Société de développement des entreprises
culturelles (SODEC) ; l'Association pour l'exportation du livre canadien (AELC) ;
Le gouvernement du Québec – Programme de crédit d'impôt pour l'édition
de livres – Gestion SODEC.

Pour la version originale : First published in 2005 by Collins,
an imprint of HarperCollinsPublishers

Texte © Geoffrey Budworth
Design © HarperCollinsPublishers, 2004

Pour l'édition en langue française :
Copyright © Ottawa 2007
Broquet inc.
Dépôt légal – Bibliothèque nationale du Québec
1er trimestre 2007

Traduction : Sylvie Abron
Révision : Diane Martin, Marcel Broquet
Infographie : Brigit Levesque (DA), Marie-Claude Levesque

Imprimé et relié par Printing express Ltd, Hong Kong

ISBN 978-2-89000-823-6

Table des matières

Introduction

Rappelez-vous qu'il n'est pas nécessaire d'avoir besoin d'un nœud pour apprendre à en faire un.

Richard Hopkins

Apprendre à faire au moins un nœud décrit dans ce volume et l'utiliser souvent vaudra bien d'avantage que le prix d'achat de ce livre. Apprenez-en plusieurs et votre vie sera transformée. Les individus sachant faire des nœuds sont autonomes et, avec un bout de ficelle, de cordelette ou de corde, ne sont jamais dépourvus quand vient le moment de faire un emballage cadeau ou d'improviser un garrot de premiers soins ; de traverser en toute sécurité une rivière en crue ; de remplacer la corde d'un instrument de musique ou d'apprendre à soigner un arbre. Le nouage peut aussi devenir une activité passionnante.

C'est aussi une science dont nous savons peut-être moins que la moitié de ce qu'il y aurait à découvrir. En 1990, le professeur Vaughan Jones, de la Nouvelle-Zélande, a reçu le prix « Fields Medal » (l'équivalent du prix Nobel pour les mathématiciens) pour sa contribution originale à l'étude de la théorie des nœuds.

Si vous ne pouvez faire de nœuds, c'est simplement parce que vous n'avez pas découvert comment les faire. Aucune aptitude spéciale n'est

◀ Les ponts suspendus (fabriqués de cordage en fibres ou de câbles) servent de raccourcis utiles en terrain sauvage et accidenté un peu partout dans le monde.

nécessaire. Vous n'avez même pas à vouloir grimper des montagnes, à passer le temps en bateau ou à avoir été une guide ou un éclaireur (occupations souvent présumées à tort comme étant stimulantes pour l'apprentissage des nœuds).

▼ Vous ne pouvez tout simplement pas accoster avec votre embarcation et partir. Même un canot de sauvetage comme celui-ci, avec ses ballons de défense en place, doit être arrimé à la jetée ou au bord du quai par des amarres de poupe et de proue.

Le nouage peut être un passe-temps agréable, une activité créative, un outil pratique et, dans sa forme la plus ésotérique, un domaine rigoureusement exigeant en études théorique et expérimentale. Certains spécialistes en nœuds ont même comparu au tribunal comme témoins experts pour apporter des preuves concernant des indices noués trouvés sur des lieux de crime.

Tous les nœuds que renferme ce livre sont assez inoffensifs et peuvent permettre à une personne de s'amuser seule ou avec d'autres par l'intermédiaire d'une adhésion à « International Guild of Knot Tyers ».

INVENTAIRE DES NŒUDS

Comment utiliser cette liste

De même que les nœuds dans ce livre peuvent être appliqués aux tâches décrites dans chaque chapitre, plusieurs nœuds sont polyvalents et peuvent facilement être adaptés à d'autres activités. Ce tableau indique d'autres catégories incluses dans ce livre pour lesquelles les nœuds peuvent être utilisés.

N = Usage maritime et navigation
P = Pêche
M = Utilisation à la maison ou comme passe-temps
S = Situations de survie
R = Rubans ou sangles

Pour vous aider à démarrer

Nœud plat **N M**
Nœud simple **N M R**
Nœud coulant **N M**
Nœud double **N M S**
Nœud triple **N M S**
Nœud multiple **N M**
Deux demi-clés **N M**
Deux demi-clés renversées **N M**
Demi-clé **N M**
Demi-clé à transfiler **N M**
Surliure commune **N M**

Nœuds pour la navigation

Nœud d'arrêt en huit **M S**
Nœud d'arrêt Ashley **M R**
Épissure de bout de câble (avec tête de more) **M**
Nœud d'écoute **M**
Nœud zeppelin **M S**
Demi-clé à capeler / Nœud de cabestan **M R**
Nœud de fouet **M R**
Nœud d'étalingure **M S R**
Nœud de chaise / Nœud de sangle **M S**
Œil de cordage **M**
Nœud d'accrochage **M**
Nœud de griffe **M S**

Nœuds pour la pêche

Nœud Albright
Nœud de bouline
Nœud sanguinaire
Nœud sanguinaire à boucle
Nœud sanguinaire à boucle fixe
Boucle parfaite **N M S**
Nœud tubulaire
Nœud marin pivotant **N M**
Nœud Palomar
Nœud tressé Berkley
Empilage
Nœud de verrouillage

◀ L'escalade ne demande pas seulement des outils spécialisés mais aussi la compréhension et la connaissance d'une grande variété de nœuds.

Chez-soi et passe-temps
Nœud étrangleur
Nœud constricteur
Nœud boa
Épissure courte
Nœud de jarre Asher
Nœud de Tarbuck
Nœud de jambe de chien
Nœud tressé
Nœud lapon
Boucle de harnais
Nœud de pêcheur simple
Attache canut
Nœud de tête d'alouette autobloquant
Attache en anneau
Tour mort et deux demi-clés
Attache du voleur de grand chemin
Attache de Picasse

Nœuds de survie
Nœud plat renforcé
Boucle de mouflage
Nœud de pêcheur double
Nœud de pêcheur triple
Nœud alpin papillon
Nœud de Prusik
Boucle en huit
Boucle en huit double
Nœud de chaise lové

Nœud de chaise tour mort
Nœud de chaise dans une boucle
lâche
Nœud de chaise triple

Nœuds de sanglage
Nœud d'anneau ou
de sangle
Nœud réducteur
Nœud gelé
Boucle croisée par-dessus
Nœud glissant
Attache en anneau renforcée
Nœud de tête d'alouette
renforcé
Nœud sur point fixe au milieu du filin
Attache ligne-mère
Nœud de grappin
Nœud de filet maillant
Attache à collerette
Nœud de perche
Attache glisse-et-prise (montée par les
bouts, à sens unique)
Attache glisse-et-prise (montée par le centre,
à deux sens)

Informations sur les cordages
Attache de base pour cordage
enroulé

Pour vous

aider à démarrer

Apprendre à faire des nœuds est un art fondamental et passionnant, de l'artisanat et de la science. Les nœuds ont précédé l'histoire écrite ; quelques-uns sont redécouverts et de nouveaux sont inventés régulièrement chaque jour. Cette section démontre comment faire quelques nœuds de base, illustre les différents types de nœuds, explique la terminologie et les techniques utilisées et fournit de l'information sur les outils et les accessoires.

L'histoire du nouage

Les nœuds ont précédé la capacité de l'homme d'allumer un feu et peut-être même de parler intelligemment. Les hommes des cavernes faisaient probablement des nœuds.

Les cultures primitives utilisaient des nœuds pour chasser au collet et pêcher au filet, pour fabriquer des vêtements et des abris, pour tirer des chargements, pour attacher des ennemis et pour étrangler les victimes de sacrifices humains. Quelques nœuds ont changé le cours de l'histoire ; la flèche qui a tué le roi Harold dans la bataille de Hastings en octobre 1066 avait été tirée par la corde nouée d'un arc normand.

Les utilisations des débuts

La construction de la légendaire tour de Babel et celle du Colosse de Rhodes, tout comme des châteaux et des cathédrales, ont requis des cordes nouées ; ainsi que les premiè-res ascensions des haut lieux de la terre (pour la recherche des œufs d'oiseaux) et les descentes dans les profondeurs (pour trouver du minerai précieux). Les relieurs, les cordon-niers, les illusionnistes, les bourreaux et les bandes de lynchage ont tous eu recours à un nœud ou deux, tout comme les carillonneurs, les virtuoses de l'évasion, les utilisateurs de cerfs-volants, les braconniers, les chirur-giens, les trapézistes et les porteurs d'eau, qui les utilisent toujours.

    Les marins et les dockers nous ont légué des nœuds de plus en plus compliqués pour la manœuvre des navires en bois munis de voiles en toile et de cordages, tandis que les *vacqueros* espagnols et les cow-boys américains ont fait des nœuds plus complexes avec des peaux crues et du cuir pour fabriquer les harnais de leurs chevaux, leurs lassos et leurs fouets.

Les livres sur le nouage

Les premiers ouvrages imprimés sur le nouage ont été les manuels formels de matelotage et ont été publiés à la fin des années 1700 et au début des années 1800. Les publications populaires sur le nouage sont un développement du 20e siècle (sur Internet, un site de libraire déclare qu'il existe 500 livres disponibles sur le nouage) et il est certain que, depuis environ vingt ans, plus d'une centaine de livres nouveaux et originaux ont été écrits et publiés. Le nouage – son charme et ses traditions – est un sujet actuel, ardemment pratiqué sur terre comme en mer, par les deux sexes quel que soit l'âge.

▼ Dans plusieurs régions du monde, on peut voir encore des bêtes de somme, comme ces lamas de l'Amérique du Sud au début du 20e siècle avec des chargements attachés sur leur dos

La terminologie du nouage

Le terme anglais «knotting» provient du latin «nodology» et du grec «kompology». Cependant, aucun individu faisant des nœuds ne voudrait se faire prendre à utiliser ces termes prétentieux, bien que certains aiment le terme «knottology» et se fassent appeler «knottologistes» ou «spécialistes des nœuds».

Parties d'un cordage

Le bout d'une corde servant à faire le nœud est appelé le **courant** et l'autre extrémité de cette même corde est appelée le **bout fixe,** entre lesquels se trouve le **dormant.** Cependant, le pêcheur à la ligne appelle le courant d'une ligne à pêche la **fin,** qu'il soit actif dans le processus de nouage ou qu'il dépasse simplement (coupé) du nœud complet.

Une partie en forme de U est une **boucle lâche,** et une boucle lâche vrillée pour crée un **point de croisement** simple devient une **boucle.** Si vous créez une boucle à la fin d'une forme, vous obtenez une **boucle croisée par-dessus** si le courant se retrouve sur le dormant, et **une boucle croisée par-dessous** si le courant se retrouve en dessous du dormant.

Une torsion avec deux points de croisement forme des **coudes d'entrecroisement.**

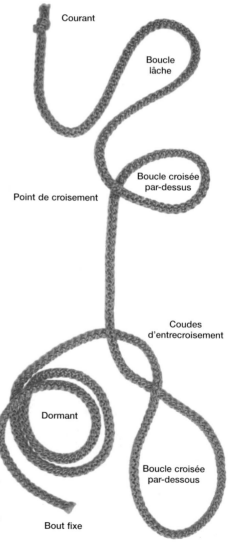

Courant

Boucle lâche

Boucle croisée par-dessus

Point de croisement

Coudes d'entrecroisement

Dormant

Boucle croisée par-dessous

Bout fixe

Nœuds torsadés en S et en Z

Quand deux courants sont vrillés ensemble et ont trois points de croisement, le résultat est appelé un **demi-nœud plat** lequel est torsadé en S ou torsadé en Z selon que la spirale a été commise vers la gauche (sens anti-horaire) ou vers la droite (sens horaire). Les termes «torsadé en S» et «torsadé en Z» proviennent de la fabrication de cordes où des aussières à trois brins se trouvent commise vers la droite ou vers la gauche.

▼ Les deux cordes verticales (gauche) démontrent comment les formes torsadée en S et torsadée en Z s'appliquent dans les parties spiralées des demi-nœuds plats.

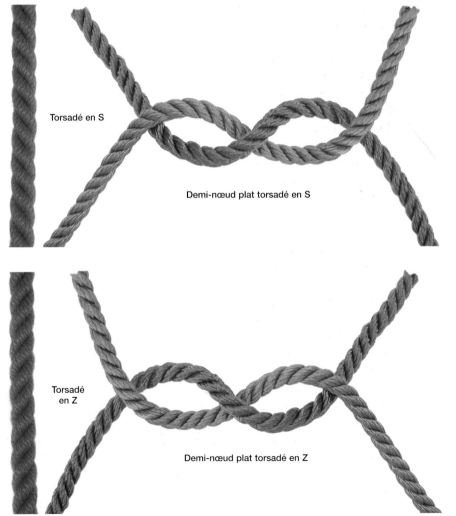

Torsadé en S

Demi-nœud plat torsadé en S

Torsadé en Z

Demi-nœud plat torsadé en Z

Les utilisations et les noms des nœuds

Selon leur fonction, les nœuds sont divisés en trois groupes principaux : ancrages, attaches et nœuds.

Les nœuds joignant deux cordes ensemble sont appelés **ancrages,** tandis que tout nœud reliant une corde ou une ligne à un poteau, à un rail ou à un autre point d'ancrage est appelé une **attache.** Le terme rassemblant tous ceux qui ne sont pas des ancrages ou des attaches est le mot **nœud,** et ce groupe se subdivise de la façon suivante : les nœuds d'arrêt, les nœuds de serrage, les nœuds réducteurs, les boucles et les nœuds coulants.

Tout ce qui est attaché en tresse mince avec de la ficelle, du fil ou de la ligne à pêche est appelé « nœud » (même si on l'utilise comme ancrage ou attache).

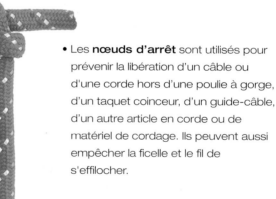

• Les **nœuds d'arrêt** sont utilisés pour prévenir la libération d'un câble ou d'une corde hors d'une poulie à gorge, d'un taquet coinceur, d'un guide-câble, d'un autre article en corde ou de matériel de cordage. Ils peuvent aussi empêcher la ficelle et le fil de s'effilocher.

• Les **nœuds de serrage** utilisent généralement les deux bouts d'un cordon ou de l'arrimage pour envelopper et bien saisir les bouts de cordes et les cols de sacs ou de poches, mais ils peuvent aussi servir aux bandages et pour des colis de toutes sortes.

Ï• Les nœuds réducteurs éliminent la nécessité de couper des câbles trop longs ou d'autres cordages, les préservant ainsi pour d'autres usages.

• Les **boucles** servent d'attaches ou d'arrimages de départ.

• Les **nœuds coulants** sont des boucles qui se resserrent d'elles-mêmes sous le poids de chargements ou qui peuvent être ajustées manuellement à la bonne grandeur.

Les noms des nœuds

Bien que plusieurs nœuds n'aient pas de nom, au fil du temps quelques-uns ont acquis plus d'un nom. Ainsi, le nœud en huit est aussi connu sous le nom de «nœud flamand» et le nœud de pêcheur double est appelé «nœud liane» par les alpinistes et «nœud de Grinner» par les pêcheurs à la ligne.

Le nom d'un nœud peut suggérer son apparence (tour mort et deux demi-clés), son usage (nœud de jarre) ou la personne qui pourrait l'utiliser (nœud du voleur de grand chemin). Quelques-uns, comme le «nœud alpin papillon», désignent la région d'origine, d'autres reçoivent le nom d'une personne, par exemple, le «nœud de Tarbuck»; quelques autres sont saugrenus, comme «attache canut».

Commencer à faire des nœuds

Le nouage est une habileté qui ne peut être acquise que par une solide pratique.

Pour apprendre n'importe lequel des nœuds décrits et illustrés dans cet ouvrage, équipez-vous d'environ 2 m (6 pi) de corde souple tressée ayant environ 5 ou 6 mm (1/4 po) de diamètre, mais deux longs lacets épais provenant d'une paire de chaussures de marche feront l'affaire. Qu'ils soient de différentes couleurs peut aider. Apprendre les trois épissures prend moins de 2 m (6 pi) de corde à trois brins d'un diamètre ayant entre 10 mm (3/8 po) et 15 mm (1/2 po).

Transformer les nœuds de ce livre en nœuds réels devient plus facile avec la pratique.

▲ Un câbleau ou une autre amarre, est tourné (rapide-ment) autour de la bitte d'un bateau ou d'un poteau en bois «jusqu'au bout» (d'où l'expression).

◄ Quand vient le temps d'attacher des choses ou de les ficeler debout, un nœud fera le travail, tel qu'on le voit ici avec ces plants d'oiseau de paradis.

◀ Les jardiniers se doivent de savoir faire des nœuds simples pouvant supporter les plantes au besoin. Un bout de ficelle devrait toujours être à portée de la main.

Par cette pratique, vous acquerrez la coordination de l'œil et de la main et votre nouage s'améliorera.

La méthode pour faire chaque nœud décrit dans ce livre a été sélectionnée pour sa simplicité d'apprentissage et elle est clairement illustrée. Quand un nœud est particulièrement utile, une deuxième méthode est montrée. Par exemple, faire le nœud constricteur avec le courant dans une boucle lâche (cf. pages 88-89). Il existe plusieurs façons de faire des nœuds – comme le nœud alpin papillon (cf. pages 122-123) – que vous devriez expérimenter pour découvrir si un nœud vous convient mieux qu'un autre. Essayez de défaire le nœud, étape par étape, et vous pourriez découvrir un raccourci vous permettant de le refaire plus aisément. Adoptez-le. Bien que la pratique ne rende pas parfait, elle crée la constance. Que vous soyez adroit ou non, si vous refaites ce nœud souvent, il deviendra une habitude. Efforcez-vous de toujours faire le mieux possible.

▲ Un nœud simple et deux demi-clés peuvent servir à presque n'importe quoi. Notamment, ils peuvent tenir une bâche en place.

Besoin de connaître les nœuds de base

Il est important de savoir comment faire des nœuds de base parce qu'ils sont essentiels à l'exécution de nœuds plus compliqués.

Quelques nœuds très simples (incluant les demi-nœuds plats, les demi-clés et les nœuds simples) sont interdépendants. Curieusement, ce sont aussi des nœuds que plusieurs d'entre nous connaissons déjà, probablement parce que nous les avons appris étant très jeunes.

Comme ils sont essentiels à l'exécution d'autres nœuds plus compliqués décrits dans les sections ultérieures, ces nœuds simples sont présentés ici.

Nœud plat

Dans la préhistoire, le nouage a dû être maladroit et désordonné, un nœud étant probablement inventé chaque fois que le besoin s'en faisait sentir. Plus tard, après qu'un génie primitif quelconque aura découvert «le gauche par-dessus le droit» et «le droit par-dessus le gauche» (ou vice versa), le nœud plat restera le nœud plat. Ce nœud a été l'une des inventions primitives de ce monde.

Cependant, le nœud plat est simplement un nœud de serrage reliant les deux extrémités de la même ficelle, du même cordon ou de la même amarre et il est plus efficace quand il est appuyé sur quelque chose – un colis, un pied dans un soulier ou un membre recouvert d'un bandage. Il est préférable de ne pas l'utiliser pour relier des cordes séparées, sauf en escalade et avec certaines précautions (cf. Nœuds de survie).

À SAVOIR

SZ et ZS
Un nœud plat SZ est celui où le demi-nœud plat torsadé en S est fait en premier puis complété d'un demi-nœud plat torsadé en Z (cf. Étape 3). Un nœud plat ZS est celui où les deux demi-nœuds plats sont faits dans l'ordre inverse.

Étape 1

Un nœud plat comporte deux demi-nœuds plats inversés. Premièrement, croiser les deux bouts en passant le cordon gauche par-dessus le cordon droit et faire une passe.

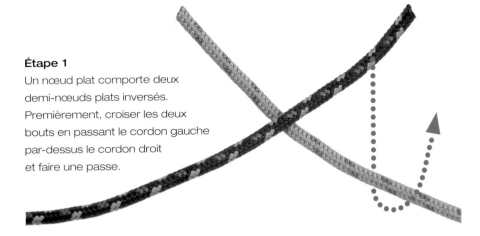

Étape 2

Ensuite, passer le cordon droit par-dessus le cordon gauche et faire une autre passe.

Étape 3

Serrer doucement le nœud complété.

Ceci est la version SZ du nœud. Si cela ne vous vient pas facilement, essayez de faire passer le cordon droit par-dessus le cordon gauche d'abord, puis le cordon gauche par-dessus le cordon droit pour produire la version ZS.

La plupart des nœuds s'effectuent dans un sens ou dans l'autre, comme des images inversées, et, en règle générale, vous en préférerez un plus que l'autre puisque vous aurez à vous concentrer plus fort pour réussir celui que vous ne réalisez pas facilement.

Nœud simple

Ce nœud élémentaire est la base de plusieurs nœuds plus compliqués. Un nœud simple ou demi-nœud devient un nœud d'arrêt et peut être attaché à un cordage, à une corde ou à une ficelle et servir d'alternative facile à la surliure (cf. page 32), ou empêcher la corde de se défaire de son point d'ancrage. Ce nœud aussi peut être torsadé en S ou en Z.

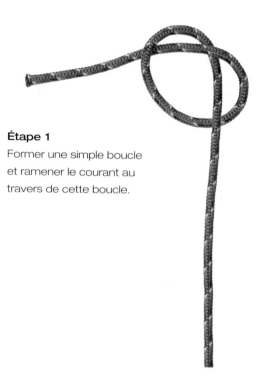

Étape 1

Former une simple boucle et ramener le courant au travers de cette boucle.

Étape 2

Serrer le nœud etre-marquer comment, quand il est bien serré, le courant se place presque à angle droit du dormant. Le laisser aller. Toujours tenir compte de ce qu'un nœud tend à faire.

À SAVOIR

Demi-nœud
Plusieurs personnes font le demi-nœud (nœud simple) en enroulant la ficelle autour de leurs pouces.

Boucle de l'évadé

Pour former une boucle de l'évadé, quand vous êtes au stade final du nœud simple (ou d'autres nœuds), ne pas tirer le courant au complet au travers du nœud avant de serrer.

Les boucles de l'évadé devraient être utilisées plus souvent. Elles ajoutent de la capacité au nœud, le renforcent, et le rendent plus facile à défaire.

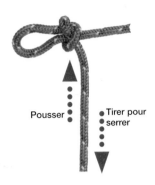

Pousser

Tirer pour serrer

Nœud coulant

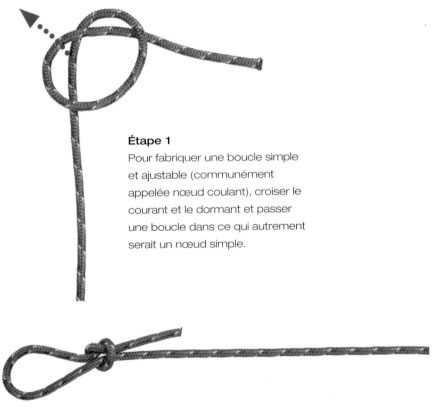

Étape 1

Pour fabriquer une boucle simple et ajustable (communément appelée nœud coulant), croiser le courant et le dormant et passer une boucle dans ce qui autrement serait un nœud simple.

Étape 2

Serrer d'abord le nœud et ajuster ensuite le nœud coulant à la grandeur requise.

Nœud double

Étape 1

Faire un nœud simple et passer le courant une seconde fois dans la boucle avant de tirer le courant et le dormant doucement dans des directions opposées.

Étape 2

Tourner dans des sens inverses les bouts (voir l'illustration) pour créer un plus gros nœud d'arrêt.

Étape 3

Ce nœud serré est idéal quand vous voulez que le courant soit en ligne avec le dormant plutôt que vers le côté.

À SAVOIR

«Flyping» (sonne comme «typing»)
Les processus d'enroulement et de blocage, qui consistent à retourner des nœuds double et triple à l'envers, comme si on enlevait un bas ou un gant, est connu sous le terme de «flyping». Au départ, «flyping» a été utilisé comme un terme de nouage à la fin du 19e siècle par le physicien écossais Peter Guthrie Tait. Il a été ressuscité au milieu des années 1980 comme terme sommaire pour une technique de nouage qui autrement demande beaucoup d'explications.

Nœud triple

Tirer ◀ •••••••   ••••••• ▶ Tirer

Étape 1

Faire un nœud double et passer le
courant une troisième fois dans la
boucle avant de tirer doucement sur
les extrémités.

Tourner

Tourner

Étape 2

Répéter l'étape 2 du nœud double.

Étape 3

Serrer pour obtenir le nœud triple.
Apprenez ce trio de nœuds « corps et
âme » maintenant, parce que ce sont
des éléments essentiels à la confection ultérieure de nœuds plus
ambitieux.

Nœud multiple

Avec un gros cordage, il est plus facile de faire ce nœud dans la main plutôt que par «flyping» (cf. page 24). Utiliser un doigt ou un autre objet pour tenir les boucles préformées en place jusqu'à ce que le courant puisse être passé pour compléter le nœud. Cependant, pour les lignes à pêche fines, le «flyping» est souvent la technique préférée.

Étape 1

En plaçant le bout fixe en position diagonale, enrouler le courant autour d'un objet (ou du doigt), disons cinq fois. Passer le courant à travers les boucles et sous le dormant pour compléter le nœud.

Étape 2

Enlever l'objet (ou le doigt) et placer les boucles soigneusement l'une à côté de l'autre pour ensuite serrer le nœud.

À SAVOIR

Histoire sanglante

Les nœuds simples, quand ils sont attachés aux brins d'un fouet à neuf lanières, ou «chat à neuf queues», sont appelés «nœuds sanguinaires» parce qu'ils lacèrent la peau de leur victime.

Les pêcheurs à la ligne, qui apprécient la force et la résistance à l'air que ce nœud leur offre, les appellent encore nœuds sanguinaires.

Inoffensivement, ces nœuds embellissent également les cordes que les moines et les religieuses enroulent autour de leur taille pour signifier qu'ils sont liés par leurs vœux de pauvreté, de célibat (ou de chasteté) et d'obéissance.

Deux demi-clés

Étape 1

Faire un nœud simple autour d'un rail, d'un anneau ou d'un poteau (ou d'une autre corde) et amener le courant le long du dormant ; le résultat est une demi-clé.

À SAVOIR

Nœuds élémentaires

Deux demi-clés sont aussi utilisées autant pour le tour mort et deux demi-clés (cf. page 110) que pour le nœud d'étalingure (ou de pêcheur simple) (cf. page 53).

Étape 2

Ajouter une seconde demi-clé identique pour obtenir un ancrage sécuritaire.

Étape 3

Serrer les deux demi-clés et glisser le nœud obtenu pour qu'il s'appuie sur son point d'ancrage.

Deux demi-clés renversées

Les deux demi-clés renversées sont tout aussi efficaces mais on tend à s'en méfier, en partie parce que les marins les considèrent comme étant peu pratiques, mais aussi parce qu'elles sont peut-être un signe qu'on ne peut dépendre de la personne les ayant faites puisque cette dernière n'a pas réussi correctement deux demi-clés orthodoxes.

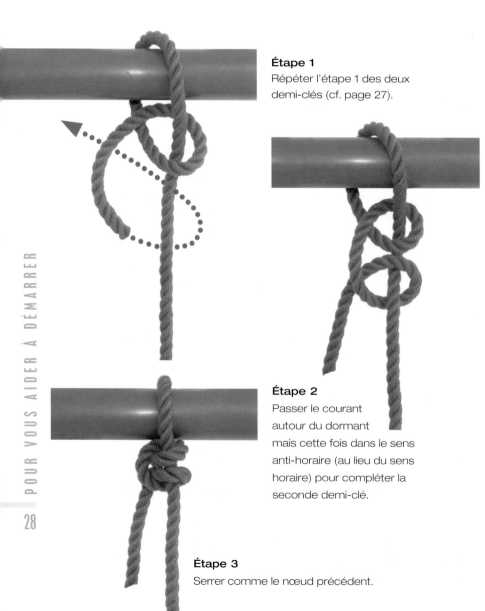

Étape 1
Répéter l'étape 1 des deux demi-clés (cf. page 27).

Étape 2
Passer le courant autour du dormant mais cette fois dans le sens anti-horaire (au lieu du sens horaire) pour compléter la seconde demi-clé.

Étape 3
Serrer comme le nœud précédent.

◀Le camping, avec ses occasions d'activités extérieures, offre toujours la chance de pratiquer quelques nœuds.

Le principe de parcimonie

Il y a une tendance à l'économie, à l'avarice ou à la parcimonie dans le nouage, avec ses techniques limitées à quelques manœuvres et manipulations, tandis que les nœuds eux-mêmes sont généralement des combinaisons de composants répétitifs – boucles lâches, boucles, coudes, torsions, tournants, passes, demi-clés et nœuds simples. Voilà le principe de parcimonie. Par exemple, le nœud de chaise et le nœud d'écoute (cf. Nœuds pour la navigation) partagent une configuration semblable. Les deux demi-clés et la demi-clé à capeler (cf. Nœuds pour la navigation) sont semblables. La surliure (cf. Nœuds pour la pêche), le nœud de clou et l'empilage (cf. Nœuds pour la pêche) sont simplement des utilisations différentes du même serrage de base. Dans chaque cas, en apprendre un signifie en savoir un autre.

La loi de la boucle, de l'attache et de la boucle lâche

La loi de la boucle, de l'attache et de la boucle lâche est une épreuve décisive dans le nouage car elle nous permet de savoir quand on doit rechercher une méthode de nouage dans une boucle lâche et quand on ne doit pas s'en donner la peine. Par exemple, le nœud constricteur (cf. pages 88-89) peut être fait dans une anse, mais le nœud étrangleur (cf. pages 86-87) ne le peut pas. Retiré de sa base, il devient un nœud double. Où c'est possible, faire les nœuds dans une boucle lâche. Quelquefois, il est plus facile d'apprendre à faire un nœud en utilisant le bout d'une corde mais, quand vous pouvez, vous devez apprendre à le faire dans une boucle lâche.

Demi-clé

Une série de demi-clés reliées (cf. page 27) est un moyen pratique
d'attacher un rouleau de linoléum usé, pour le mettre aux ordures ou
l'apporter au centre de recyclage ou, encore, d'apporter un tapis persan
antique à une maison de ventes aux enchères. En outre, dans le domaine
de la navigation, il va temporairement ferler une voile pendant que vous
allez à terre.

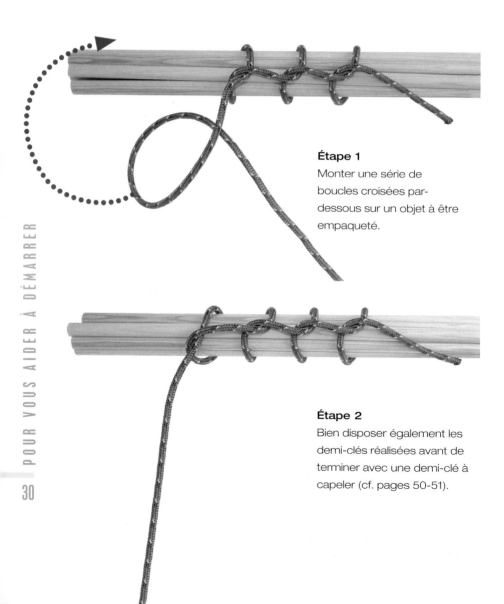

Étape 1

Monter une série de
boucles croisées par-
dessous sur un objet à être
empaqueté.

Étape 2

Bien disposer également les
demi-clés réalisées avant de
terminer avec une demi-clé à
capeler (cf. pages 50-51).

Demi-clé à transfiler

La demi-clé à transfiler est plus efficace que la demi-clé : bien qu'à première vue les deux semblent identiques, elles ont une légère différence. Si vous glissez une demi-clé hors de sa base, elle se défait en ne laissant derrière qu'un souvenir. Faites la même chose avec une demi-clé à transfiler et vous vous retrouvez avec une série de nœuds simples. Voilà la raison qui fait que la demi-clé à transfiler accroche et tient mieux que la demi-clé. L'inconvénient est qu'elle doit être faite avec le courant de la corde, tandis que la demi-clé peut être faite dans une boucle lâche (c'est-à-dire sans utiliser le courant).

C'est une démonstration de la loi de la boucle, de l'attache et de la boucle lâche. Toutes les attaches qui se défont lorsqu'elles sont privées de leur base (en d'autres mots, qui se défont d'elles-mêmes dans une boucle lâche), comme la demi-clé et la demi-clé à capeler, peuvent être faites dans une boucle. Les nœuds faits dans des boucles attachées, par exemple la boucle parfaite (cf. pages 72-73), qui se défont dans une boucle lâche peuvent être faits dans une boucle.

Étape 1
Faire une série de demi-nœuds plats autour de l'objet à être empaqueté.

Étape 2
Espacer les nœuds également avant de terminer avec une demi-clé à capeler (cf. pages 50-51).

Protéger les bouts des cordes

Si vous n'évitez pas qu'une corde se dénoue, vous perdrez celle-ci, puisque vous ne pourrez jamais refaire la section défaite.

Un câble ou une corde, se dénouent lorsqu'ils sont coupés. Les matières synthétiques sont pires que les fibres naturelles en ce sens que leurs filaments, leurs fils et leurs brins peuvent être très serrés et adhérer moins solidement les uns aux autres.

Pour ces motifs, avant de couper tout cordage, ajustez-le temporairement avec un nœud étrangleur (cf. pages 86-87) ou un nœud constricteur (cf. pages 88-89) des deux côtés du point où vous allez couper, ou attachez-le avec du ruban adhésif. Les cordages synthétiques peuvent toujours être scellés par la chaleur (cf. Procédures alternatives à la page suivante).

Surliure ordinaire

Une procédure ingénieuse, surtout pour un câble en fibre naturelle, consiste à le surlier. Les puristes voient encore la surliure comme la seule méthode convenable pour les bouts de câbles. Utiliser une ficelle en fibre naturelle pour surlier un cordage en fibre naturelle et une synthétique pour un cordage synthétique.

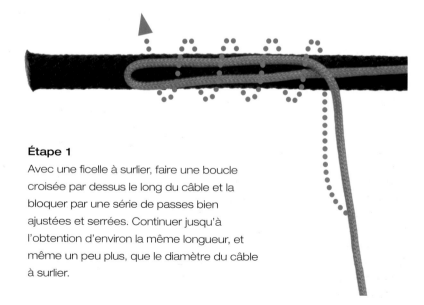

Étape 1

Avec une ficelle à surlier, faire une boucle croisée par dessus le long du câble et la bloquer par une série de passes bien ajustées et serrées. Continuer jusqu'à l'obtention d'environ la même longueur, et même un peu plus, que le diamètre du câble à surlier.

Étape 2

Passer ensuite le courant à travers ce qu'il reste de la boucle lâche de départ. (Pour rendre l'étape suivante facile, garder la dernière passe plus lâche que les précédentes.)

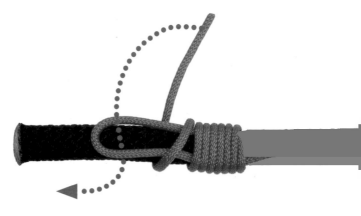

Étape 3

Tirer maintenant la ficelle inutilisée pour entraîner le courant sous la surliure.

Tirer

Étape 4

Arrêter de tirer quand les parties entrecroisées se retrouvent au centre de la surliure.

Procédures alternatives

Un autre genre de surliure est l'empilage (cf. page 81) et il peut aussi être utilisé pour le bout d'un câble.

Les bouts des cordes synthétiques peuvent être fondus, donc scellés par la chaleur, avec une allumette ou la flamme d'un briquet mais assurez-vous de faire cette manœuvre dans une pièce bien aérée et prenez soin de protéger vos mains. Les stockistes de cordes réussissent de meilleures coupes en utilisant une guillotine électrique munie d'une lame chauffante d'une marque de fabrique, montée sur une table ou à main, que l'amateur peut aussi acheter. Cependant, n'importe quel couteau dont la lame est chauffée à la flamme jusqu'à devenir rouge cerise donnera le même résultat.

ATTENTION !

La fonte d'un cordage synthétique émet une fumée âcre, chaude et collante. Travaillez dans un endroit aéré et prenez soin de ne pas vous brûler. Laissez les bouts de corde refroidir et durcir pendant environ une minute avant de les manipuler.

33

La résistance et la sécurité d'un nœud

Tout nœud affaiblit un cordage. Cependant, quelques-uns maintiennent une résistance à la rupture plus élevée et d'autres assurent un niveau de sécurité plus grand.

Le nœud simple et le nœud plat (ou carré) diminuent de moitié la résistance à la rupture d'un câble. Le nœud de chaise (le prétendu « roi des nœuds ») lui en laisse seulement 60 pour cent et le nœud en huit environ 70 pour cent. La résistance ou la faiblesse d'un nœud est déterminée par la courbe du filin à l'endroit où il pénètre dans le corps du nœud.

Les nœuds enveloppants volumineux comme les nœuds de pêcheur double et triple ainsi que les prétendus nœuds sanguinaires sont plus solides, et conservent jusqu'à 90 pour cent et plus de la résistance à la rupture du câble parce que la première courbe du segment le plus chargé est bien à l'intérieur de ces nœuds.

Les attaches sont aussi résistantes, parce que la friction des passes initiales d'enroulement absorbe la tension et la pression avant que toute passe ou demi-clé ne soit utilisée pour en assurer la sécurité. Comme les nœuds résistants prennent plus de temps – et peuvent être plus difficiles – à confectionner et à dénouer, choisir le bon nœud est toujours un compromis entre la résistance, la faiblesse et l'efficacité.

Les nœuds sécuritaires

La sécurité d'un nœud est la mesure selon laquelle le nœud, l'ancrage ou l'attache résiste aux secousses et aux tremblements intermittents sans glisser, se renverser et s'allonger. C'est un facteur distinct et disparate de la résistance d'un nœud.

Quelques nœuds, comme le nœud d'alpiniste et le nœud du pêcheur, doivent être résistants et sécuritaires.

En effet, les alpinistes soutiennent ou bloquent les courants de leurs nœuds (cf. Nœuds de survie) avec un nœud double ou ils

À SAVOIR

Risque pour la sécurité
Quand vous voulez établir la sécurité d'un nœud pour un usage précis, essayez de le nouer à même un élastique (comme une corde de bungee). Cela peut être révélateur. Un nœud de chaise (cf. page 54) se défera tandis qu'une boucle parfaite (cf. page 72-73) tiendra fermement. Un nœud d'écoute (cf. page 46-47) lâchera contrairement à un nœud zeppelin (cf. pages 48-49).

◀Pour escalader ou pour descendre des hauteurs, choisir les nœuds les plus appropriés est essentiel.

▼La résistance et la sécurité combinées de tout dispositif d'attache ou de harnais ne peuvent être plus grandes que le nœud le plus faible utilisé.

les attachent au dormant de leur corde pour s'assurer une sécurité supplémentaire. Au contraire, les nœuds pour la navigation doivent être faciles à dénouer en une seconde en cas de sauvetage, ce qui fait que le nœud d'écoute (cf. pages 46-47) et le nœud de chaise (cf. page 54) demeurent populaires, nonobstant des essais peu concluants. Le nœud de jambe de chien (cf. page 98) est un nœud réducteur très peu sûr à moins que les boucles lâches soient attachées ou utilisées avec un cabillot. Il y a ensuite des nœuds comme le nœud lapon (cf. pages 100-101) et l'attache du voleur de grand chemin (cf. page 111) qui sont assez sûrs mais qui se dénouent lorsque l'on tire sur la boucle de l'évadé.

Les outils et les accessoires

Il est recommandé d'acquérir une série d'outils qui pourront être utilisés plus tard sur des nœuds plus compliqués.

Tous les nœuds et les épissures de ce livre peuvent être faits avec les doigts, sans l'aide d'aucun outil. Quelquefois, cependant, il vaut mieux utiliser des pinces (ou de manière habile le pouce et une pointe) pour serrer des nœuds qui ont souvent à être maniés et relâchés pour être dénoués. Le cordage doit être coupé à l'aide d'un couteau et les bouts coupés devront être surliés, enrubannés ou scellés à la chaleur.

Outils pratiques

- Le **couteau artisanal** (avec lames interchangeables) coupe les bouts de cordes des nœuds terminés.
- Les **épissoirs à câble** (en bois) écartent les cordages commis en aussière pour que chaque courant ou brin puisse passer au moment du nouage ou de l'épissage.
- Les **épissoirs à câble (en acier, creux, pour l'emboîtement)** sont essentiels à quelques épissures et aussi pratiques pour faire des nœuds.
- Les **épissoirs à poignée (petit, gros)** sont plus commodes que les épissoirs en bois solide qui doivent être retirés avant que le courant puisse être passé (quand l'écartement durement gagné peut se refermer), puisque l'épissoir à poignée ne fait pas que créer un espace mais il attrape et tire le courant au travers quand l'outil est retiré.
- L'**épissoir à merlin,** en métal, est fait pour les travaux d'épissage plus lourds et il permet de tirer fermement sur les brins épissés et les demi-clés à transfiler ou les demis-clés.
- Les **aiguilles à filets (petites, moyennes, grandes)** sont excellentes pour entreposer des longueurs démêlées de cordes et de ficelles (même si vous ne les utilisez jamais pour faire un filet noué).
- Les **pinces (à becs ronds, petites, moyennes)** sont irremplaçables pour serrer et, plus tard, défaire des nœuds.
- Le **couteau de poche** ou tout autre couteau

Aiguille à filet

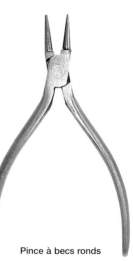

Pince à becs ronds

pliant est pratique mais, s'il est muni d'une lame bien affilée et d'un canif, il est deux fois plus utile.

- Les **manilles** sont des liens robustes en métal, sécurisées par des aiguilles filetées, pour attacher des câbles à des anneaux ou d'autres sortes de haubans.
- Les **cisailles** (Wolfcraft®), un outil breveté, comprennent une mâchoire possédant une lame interchangeable tandis que l'autre mâchoire sert de contre-outil. Elles peuvent couper seulement une fibre ou un filament et toute corde convenant à ses mâchoires puissantes.
- Un **couteau à gaine** est préférable à un couteau de poche pour couper des câbles.

Canif

- Le canif **(plus un boulon de manille)** est une combinaison d'outils indispensables si vous épissez fréquemment des lignes commises en aussière, dénouez des nœuds et utilisez des manilles.
- L'**épissoir suédois (petit ou gros)** est le plus innovateur des épissoirs à poignée puisqu'il n'a besoin que d'une pression du pouce pour emprisonner le courant ou un brin de corde.
- Les **cosses** rondes ou en forme de poire fabriquées de métal ou de plastique sont utilisées pour protéger de l'abrasion et de l'usure prévisibles les yeux épissés ou noués.
- Les **boucles de métal (petites, moyennes, grandes)** sont l'alternative de fabrication maison pour remédier aux épissoirs, aux piquoirs et épissoirs à merlin qui sont trop gros. Tous les spécialistes de nœuds devraient, en tout temps, en avoir plusieurs sous la main.
- La **ficelle de surliure** sert à envelopper les bouts de câble coupés.

Épissoir suédois

Ficelle de surliure

Vous voulez en savoir plus ?

Attaquez-vous au niveau supérieur...

Voyez...
- ▶ **Informations sur les cordages**—p 166–183
- ▶ **Lexique**—pages 184–185
- ▶ **Besoin d'en savoir plus ?**—p 187–188

Autres sources
- ▶ **Les nœuds de marchepieds**
  Cordage, outils, livres (cf. pages 186-188)
- ▶ **International Guild of Knot Tyers**
  www.igkt.craft.org
- ▶ **Voyez l'histoire des funambules**
  Pour la fabrication traditionnelle de leurs cordes (cf. page 186)
- ▶ **Marchands de fournitures pour bateaux**
  Pour tous les types de cordage
- ▶ **La « bible » du nouage**
  The Ashley Book of Knots (cf. p 188)

Nœuds pour

la navigation

Que vous soyez un plaisancier de fin de semaine ou un explorateur océanique, un kayakiste ou un surfeur en cerf-volant, un utilisateur de motomarine ou un plongeur, vous devez savoir comment faire des ancrages et des attaches. De plus, si vous transportez une embarcation nautique avec votre voiture ou à l'aide d'une remorque, préparez votre gréement ou votre mise à la mer d'une cale de lancement publique ou d'une marina privée, levez l'ancre ou la mouillez, soyez prêt à nouer et à épisser.

Nœud d'arrêt en huit

Les nœuds d'arrêt parlent d'eux-mêmes, c'est-à-dire qu'ils servent d'ancrage pour les longueurs de câbles et de cordes. Utiliser un nœud d'arrêt en huit pour les voiles de foc qui ont été passées dans leur guide-câble respectif et en faire un à la voile principale (ou tout autre système de pouliage que vous voulez conserver intact).

À l'origine, le nœud en huit a été identifié dans *The Young Sea Officer's Sheet Anchor* (1908) par Darcy Lever. Ce nœud est l'ancêtre d'une famille entière de nœuds plus compliqués (cf. Nœuds de survie pour deux d'entre eux, entre autres la boucle en huit, pages 126-127, et la boucle en huit double, pages 128-129).

À SAVOIR
Facile à dénouer
Ce nœud n'est pas plus volumineux que le nœud simple et ne bloquera pas une fente ou un trou assez large. Par contre vous constaterez qu'il est plus résistant et qu'il est plus facile à dénouer qu'un nœud simple – utilisez-le donc pour ces deux raisons.

Méthode
Étape 1
Premièrement, faire une simple boucle croisée par-dessus en plaçant le courant par-dessus le dormant. Faire ensuite une demi-torsion pour obtenir la forme d'un huit.

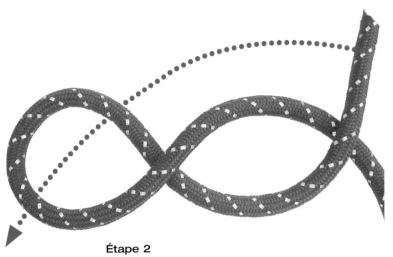

Étape 2

Passer ensuite le courant au travers de la boucle initiale.

Étape 3

Serrer le nœud jusqu'à ce que le bout le plus court soit presque à angle droit avec le dormant de la corde.

Variation

Une autre méthode consiste à faire une boucle de l'évadé pour pouvoir défaire le nœud plus facilement.

À SAVOIR

Nœud flamand

Un autre nom pour le nœud en huit est le « nœud flamand », encore utilisé dans beaucoup de livres, mais son appellation actuelle est plus descriptive de son apparence.

▶

Nœud d'arrêt Ashley

Comme le nœud d'arrêt en huit décrit aux pages 40 et 41, ce nœud peut être utilisé pour une multitude de tâches lors de la navigation à voile. Il est plus gros que le nœud d'arrêt en huit et, en conséquence, utile quand un nœud plus volumineux est requis.

Le trait distinctif de ce nœud est une tête de more triple tout autour du dormant du câble ou de la corde sur la face inférieure du nœud.

Quelque part dans le premier quart du 20e siècle, ce nœud d'arrêt a été inventé par un peintre maritime et illustrateur américain, Clifford Warren Ashley. Il travaillait alors pour le magazine *Harper's* à une série d'images concernant l'industrie de la culture des huîtres dans la baie de Delaware, ce qui explique pourquoi le nom qu'il avait donné à ce nœud était le nœud d'arrêt de l'ostréiculteur.

Méthode

Étape 1

Faire une boucle croisée par-dessus. Placer ensuite la boucle croisée par-dessus le dormant pour former la lettre p. Attraper le haut du dormant dans la lettre p et le passer au travers de la boucle pour faire un simple nœud coulant (cf. aussi page 23). Serrer.

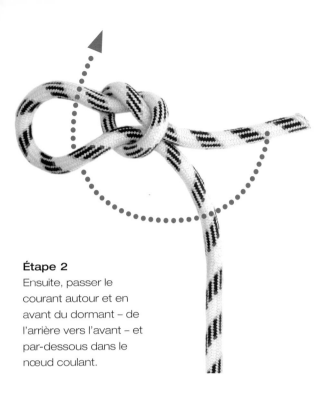

Étape 2

Ensuite, passer le courant autour et en avant du dormant – de l'arrière vers l'avant – et par-dessous dans le nœud coulant.

Étape 3

Finalement, tirer le dormant pour serrer le nœud complété.

À SAVOIR

La bible du nouage

Clifford Ashley, qui a inventé ce nœud, a aussi écrit *The Ashley Book of Knots*, que les amateurs appellent la «bible du nouage».

Épissure de bout de câble (avec tête de more)

Pour éviter que les câbles s'effilochent et se défassent, utilisez une épissure de bout de câble avec tête de more.

Ce nœud est plus fiable que la surliure ou du ruban adhésif et ce type de tressage à six brins renforce les derniers centimètres (pouces) d'un bout de câble pour une manipulation facile. Premièrement, faire une tête de more – cela ne fait pas que bloquer les trois brins ensemble en agissant comme un traitement de premiers soins pour éviter que le câble ne se défasse davantage, cela les met dans la bonne direction pour l'épissure.

Pour le nœud tête de more

Étape 1

Commencer par séparer (défaire) les brins du câble commis en aussière sur une longueur égale à dix fois le diamètre du câble ou un peu plus. Ensuite, en travaillant dans le sens anti-horaire, plier le brin (a) vers le bas pour qu'il forme une boucle.

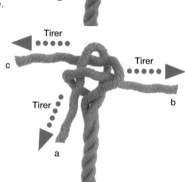

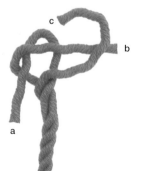

Étape 2

Étape 3

Pour l'épissure de bout de câble

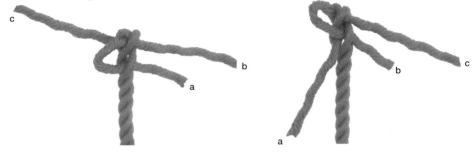

Étape 4

Tout en continuant à travailler dans le sens anti-horaire et en descendant, prendre le brin (a), le rentrer entre les brins immédiatement dessous.

Étape 5

Ensuite, répéter la manœuvre (comme à l'étape 4) pour rentrer les brins (b) et (c).

Étape 6

Quand tous les brins ont été rentrés au moins une fois, tirer chaque brin par petites secousses vers le bas (dans la direction opposée à la tête de more) et ensuite vers le haut (vers la tête de more).

Étape 7

Répéter cette manœuvre en rentrant chaque brin à tour de rôle. Bien les tirer comme précédemment. Finalement, rentrer chaque brin une troisième et une quatrième fois. Tailler les bouts des brins tout en laissant dépasser au moins 15 mm (1/2 po) pour éviter que les bouts ne s'échappent.

À SAVOIR

Jeu de pieds

En roulant l'épissure complète sous les pieds, vous obtiendrez une apparence lisse et nette. Pour une sécurité accrue et un travail soigné, surlier les bouts coupés ou les entourer de ruban adhésif. Il n'est pas absolument nécessaire de faire cela puisque les bouts s'useront avec le temps, dépassant de moins en moins, sans s'échapper.

ATTENTION !

Une épissure de bout de câble épaissit le bout de ce câble, de sorte que ce dernier risque de se coincer en entrant ou en sortant de la poulie à gorge d'une moufle, d'un guide-câble ou d'un taquet trop justes.

Nœud d'écoute

Grâce à cet ancrage facile et rapide, vous pouvez joindre deux câbles ou cordes ensemble. Une ligne peut aussi être attachée de cette façon à une boucle permanente préformée ou à un œil, et ce nœud est connu sous le nom de nœud d'écoute.

Si une corde est nettement plus grosse ou tendue plus fort (par conséquent plus raide) que l'autre, il est conseillé de faire un nœud d'écoute double. Ce nœud est utile si, du bateau, vous voulez attraper une amarre avec une ligne d'attrape plus légère.

Méthode
Étape 1
Tout d'abord, faire une boucle avec une des cordes.

Étape 2
Ensuite, passer le courant de l'autre corde dans la boucle, faire une passe autour de la boucle par-derrière puis le passer sous son propre dormant.

Étape 3

Pour terminer, tirer sur chacun des quatre brins à tour de rôle afin de serrer le nœud.

Pour un nœud d'écoute double

Étape 1

Utiliser la corde la plus grosse pour former la boucle, faire passer le courant de la plus petite corde dans cette boucle, le passer autour de la boucle (comme aux étapes 1 et 2 de la page précédente). Faire ensuite passer le courant de la plus petite corde autour de son dormant avant de finalement le repasser sous son propre dormant.

Étape 2

Tirer sur les quatre brins pour rendre sécuritaire le nœud d'écoute double.

Nœud zeppelin

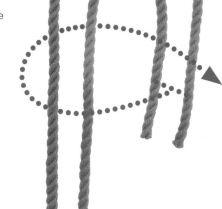

De 1930 à 1962, ce nœud fiable a été utilisé par les Forces navales des États-Unis pour relier ses embarcations plus légères que l'air à leurs mâts d'amarrage.

Ce nœud résistant et sûr peut être utilisé avec des câbles ou de plus petits cordages pour retenir de lourds chargements de toutes sortes. On peut défaire un nœud zeppelin en poussant et en tirant sur les deux boucles entrecroisées jusqu'à ce qu'elles soient assez lâches pour libérer les câbles ou les cordes.

Méthode

Étape 1

Prendre les deux cordes ensemble en mettant les bouts dans la même direction. Avec le courant de la corde de droite, faire une demi-clé encerclant les deux dormants.

Étape 2

Ramener ensuite le dormant de gauche vers l'avant en le passant derrière le dormant et le courant de l'autre corde et devant son propre courant.

Étape 3

Continuer en passant le courant à la fois par-dessus l'autre corde et son dormant et ensuite sous son dormant et lui-même.

Étape 4

On obtient deux nœuds simples avec des coudes d'entrecroisement jumeaux.

Étape 5

Tirer les quatre brins pour serrer et compléter le nœud.

À SAVOIR

De l'air à l'eau

Le nœud zeppelin est solide et résistant et, bien qu'il ne soit pas souvent utilisé pour les embarcations ou sur les quais, il mériterait d'être adopté et adapté à tous les usages sur l'eau et hors de l'eau.

Demi-clé à capeler

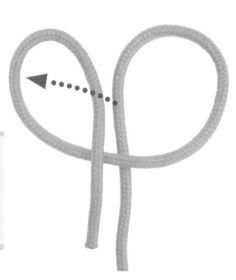

La demi-clé à capeler peut être utilisée pour
assurer temporairement la sécurité de petites embarcations
de même que pour suspendre les ballons de défense.
Toutefois, il ne faut utiliser ce nœud classique que lorsque
la traction se fait à angle droit par rapport au point d'attache.

On peut former ce nœud dans une boucle ou au bout d'une corde et
avec ou sans boucle de l'évadé pour le dénouer facilement. Il est utile
d'apprendre les deux méthodes de nouage.

Demi-clé à capeler dans une boucle

Étape 1

Faire deux boucles alignées –
une croisée par-dessus et
l'autre croisée par-dessous.
Ensuite, les placer pour
qu'elles se chevauchent.

> **ATTENTION!**
>
> Si le chargement relié à la demi-clé à
> capeler bouge assez pour que l'angle
> de traction change ou si la demi-clé
> à capeler est utilisée pour retenir un
> animal agité, elle peut rapidement se
> relâcher et se défaire.

Étape 2

Par la suite, insérer simplement le
poteau au travers des boucles (ou
passer les boucles par-dessus le
poteau, si ce dernier est fixe).

Étape 3

Serrer le nœud en tirant sur les deux bouts.

Demi-clé à capeler avec le bout d'une corde

Étape 1

Enrouler le courant autour d'un poteau et le ramener plus haut en croisant le dormant. Enrouler une seconde fois le courant autour du poteau.

Étape 2

Passer le courant sous le dormant (pour faire comme à l'étape 3 plus haut) ou encore, pour dénouer rapidement, faire une boucle de l'évadé et la passer sous le dormant.

► Nœud de fouet

Le nœud de fouet, comme la demi-clé à capeler, est rapide et facile à réaliser. Toutefois, pour un tirage ferme à angle avec le point d'attache et quand la demi-clé à capeler ne paraît pas sûre, utiliser cette version modifiée du nœud.

Méthode

Étape 1

Enrouler la corde autour d'un poteau et ramener le courant diagonalement par-dessus le dormant. Enrouler le courant autour du poteau en le ramenant, une seconde fois, diagonalement par-dessus le dormant.

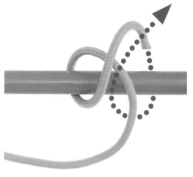

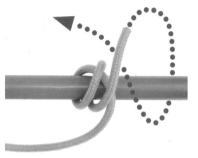

Étape 2

Enrouler le courant une troisième fois autour du poteau et le passer sous la seconde passe diagonale, ce qui forme une demi-clé.

Étape 3

S'assurer que la seconde passe diagonale est bien coincée entre la première passe et le dormant de la corde et serrer soigneusement.

À SAVOIR

Quelques manuels de matelotage font référence à des versions de ce nœud comme étant le nœud de bosse (ou le nœud Magner). Ne soyez donc pas surpris si vous trouvez ces noms dans de telles publications. Le nœud de griffe, décrit aux pages 60-61, est aussi basé sur le nœud de fouet – autre exemple du principe de parcimonie (cf. page 29).

Nœud d'étalingure

Ce nœud peut être utilisé pour assurer la sécurité de l'ancrage aux organeaux des câbles de voilures de petits bateaux. Comme ce nœud travaille bien sous l'eau, cette attache en anneau est particulièrement utile quand la corde est mouillée ou visqueuse.

C'est en fait un tour mort et deux demi-clés renforcé (cf. page 110) dont la première demi-clé est coincée à l'intérieur du tour mort. On l'appelle un nœud bien que manifestement ce soit une attache et ce, parce que les marins ont un jour parlé - et quelques-uns d'entre nous le font encore - de «nouer» une corde à un anneau. Un autre nom pour ce nœud est le «nœud de pêcheur simple».

cf. page 110

ATTENTION !

Le nœud d'étalingure pouvant être difficile à dénouer une fois serré, ne l'utiliser que lorsque le tour mort et deux demi-clés ne peut être fiable.

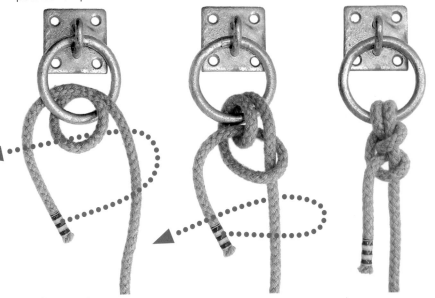

Méthode

Étape 1
Passer le câble deux fois dans l'anneau pour former un tour mort (ou une boucle). Passer ensuite le courant autour du dormant et au travers de la boucle.

Étape 2
Faire ensuite une demi-clé autour du dormant.

Étape 3
Serrer le nœud en tirant sur les deux brins.

Nœud de chaise

Les personnes qui utilisaient des voiliers à gréement carré, manœuvrant au plus près, atta-
chaient une corde aux voiles carrées du côté au
vent avec ce nœud et faisaient avancer le voilier
dans le but de surmonter ce qui était l'aspect le
moins efficace de la navigation à voile. Voilà
pourquoi louvoyer se disait «faire de la voile sur
une amarre de pointe».

La méthode décrite ici est parfois dépeinte par la phrase
suivante : le lapin sort de son terrier, fait le tour d'un arbre
et retourne dans son terrier. Il existe une autre technique
plus courante appelée «la méthode du matelot» (elle
est beaucoup plus rapide, car elle prend une
seconde et peut presque être faite avec une
seule main), mais beaucoup trouvent cette
version plus difficile à apprendre.

Méthode
Étape 1
Premièrement, faire une boucle
croisée par-dessus et passer le
courant au travers de cette boucle en
montant et de l'avant vers l'arrière.

Étape 2
Passer ensuite le
courant derrière le
dormant et le
passer vers le bas,
et encore une fois,
dans la boucle.

Étape 3
Serrer le nœud
de chaise en
laissant une
longueur pres-
que identique à
celle d'un côté
de la boucle au
bout de la
corde.

Nœud de sangle

Quand un nœud de chaise est nécessaire pour remorquer dans l'eau
ou sur un terrain accidenté, utiliser le
nœud de sangle.

Le nœud de chaise de base de la page
précédente a évolué et possède maintenant
plusieurs variantes.

Méthode

Étape 1

Cette fois-ci, faire deux boucles par-dessus et
passer le courant au travers des deux boucles,
autour du dormant et le redescendre au travers
des deux mêmes boucles.

Étape 2

À ce stade-ci, serrer la
boucle du haut.

Étape 3

Compléter le nœud en
serrant la seconde demi-
clé pour qu'elle soit bien
contre la première
boucle.

À SAVOIR

Sous la pluie

Les nœuds mouillés tendent à se bloquer et Clifford
Ashley – qui avait rarement tort grâce à son instinct
et à sa connaissance – a écrit que cette demi-clé
supplémentaire réduisait les risques que cela arrive.

NŒUDS POUR LA NAVIGATION

55

Œil de cordage

Il existe de nombreuses variantes de l'œil de cordage et cet exemple est communément appelé « l'œil de cordage du matelot ».

Bien qu'une épissure soit plus résistante et profilée qu'un nœud, ce qui préserve jusqu'à 95 pour cent de la résistance à la rupture d'un câble commis en aussière, les nœuds renforcés de cosses fournissent une solution de remplacement idéale (cf. Nœud d'accrochage, pages 58-59).

Méthode

Étape 1

Défaire les brins du câble et faire une boucle de la grandeur requise dans le sens anti-ho-raire. Rentrer le brin du centre (a) en dessous du brin tressé le plus près de ce qui convient à la grandeur requise.

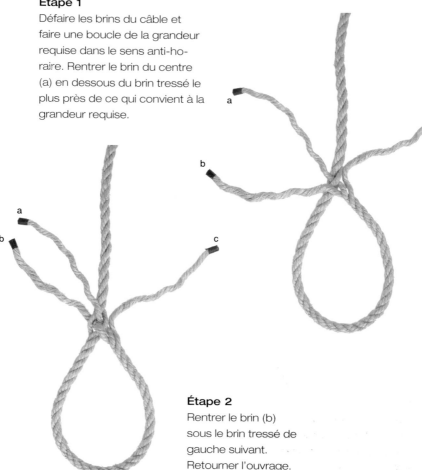

Étape 2

Rentrer le brin (b) sous le brin tressé de gauche suivant. Retourner l'ouvrage.

Étape 3

Maintenant, ramener le brin (c) vers le devant en serrant avant de le rentrer – dans la même direction (sens anti-horaire) que les deux autres brins – sous le brin inutilisé restant. Tirer sur ce trio pour serrer de manière à obtenir la forme spécifique d'un X créé par deux brins sur le devant de l'épissure et deux brins parallèles sur le revers. L'étape difficile est maintenant achevée.

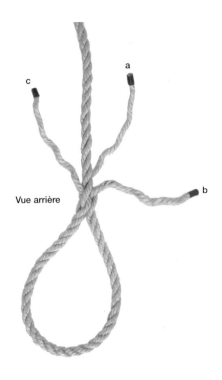

Vue arrière

Étape 4

Continuer cette manœuvre de serrage comme elle est décrite ci-dessus (et à la page 45) pour compléter l'épissure de bout de câble.

(et à la page 45)

ATTENTION!

Le chargement d'une aussière resserrera une épissure mais un chargement tournant dans le sens anti-horaire ouvrira et relâchera le pas – il faut donc insérer un émerillon entre le chargement et l'œil de cordage. Toutefois, si l'œil est doublé d'une cosse de métal ou de plastique, l'épissure s'étirera rapidement et perdra sa prise sur la cosse; dans ce cas, faire le nœud d'accrochage suivant.

Nœud d'accrochage

Les matelots d'aujourd'hui ont tendance à utiliser cette technique pour fabriquer un soi-disant « œil dur » - nœud renforcé par une cosse.

Ce nœud est généralement préféré à l'œil de cordage des pages 56-57 parce que plus le chargement est lourd, plus le nœud est serré ; tandis qu'un œil de cordage, peu importe la qualité de sa fabrication, s'étirera rapidement et perdra sa prise sur la cosse. La loi de la boucle, de l'attache et de la boucle lâche s'applique (cf. page 29) et, par conséquent, comme nous le démontrons ici, ce nœud peut être fait dans une boucle lâche tout comme avec un courant.

Méthode

Étape 1

Premièrement, faire une boucle avec le courant en le passant par-dessus et ensuite sous le dormant comme sur l'illustration. Enrouler ensuite le courant autour de la boucle encore deux fois. (Vous faites effectivement un nœud triple.)

À SAVOIR

Œil dur

Les cosses peuvent être de métal ou de plastique et elles sont disponibles chez les marchands de fournitures pour bateaux. Elles protègent les boucles et les nœuds coulants contre le ragage (usure et détérioration provoquées par le frottement).

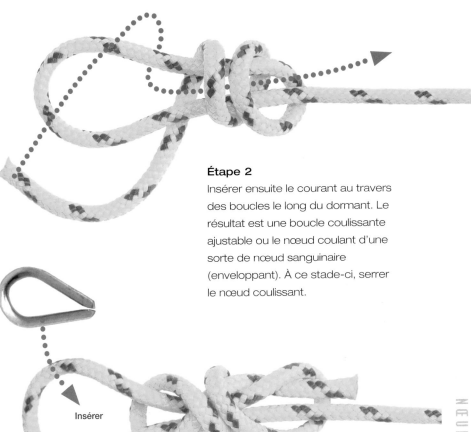

Étape 2

Insérer ensuite le courant au travers des boucles le long du dormant. Le résultat est une boucle coulissante ajustable ou le nœud coulant d'une sorte de nœud sanguinaire (enveloppant). À ce stade-ci, serrer le nœud coulissant.

Insérer

Étape 3

Finalement, insérer la cosse dans la boucle et tirer sur le dormant pour bien serrer le nœud coulant. Cette action assure que la cosse est tenue fermement en place.

ATTENTION!

Un nœud d'accrochage peut parfois être difficile à dénouer s'il a déjà servi à manipuler de lourds chargements.

Nœud de griffe

Utiliser cette attache pour récupérer une épave flottante ou un objet jeté à la mer, comme lien de sécurité improvisé pour un membre de l'équipage ou pour fixer un taud temporaire.

Ce nœud coulant est un de ces nœuds glisse-et-prise (cf. aussi Nœud de Tarbuck, pages 96-97) qui peut facilement être ajusté à la main mais qui ensuite se serre et tient fermement un chargement.

Méthode

Étape 1

Premièrement, faire une boucle croisée par-dessus en ramenant le courant par-dessus le dormant. Ensuite, passer le courant dans la boucle et autour de lui-même deux fois.

Étape 2

Passer le courant autour du dormant et le rentrer sous lui-même en faisant une demi-clé.

Étape 3

Réaliser soigneusement
chaque boucle et serrer
fermement avant
de charger.

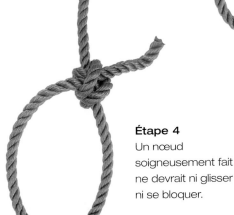

Étape 4

Un nœud
soigneusement fait
ne devrait ni glisser
ni se bloquer.

vous voulez en savoir plus ?

Attaquez-vous au niveau supérieur...

Voyez...
- ▶ **Boucle parfaite** – pages 72-73
- ▶ **Nœud constricteur** – pages 88–89
- ▶ **Tour mort et deux demi-clés** – page 110

Autres sources
- ▶ **Cours et écoles de voile**

- ▶ **Marchands de fournitures pour bateaux**
  Pour toutes sortes de câbles et de cordages
- ▶ **Sites Web utiles**
  www.sailingbooks.com
  www.boatsafe.com
- ▶ **Publications**
  The RYA Book of Knots de Peter Owen
  (1999), ISBN 0-7136-5898-3

À SAVOIR

Larguer les attaches

La raison pour laquelle quelques nœuds à plein
poing sont appelés «attaches» est que celles-ci
peuvent être affalées à répétition à des poteaux
ou à des bollards sans qu'il y ait le besoin de les
défaire et de les refaire. Celle-ci est aussi connue
sous le nom de «cordeau tendu».

Nœuds

pour la pêche

Les nœuds sont les seuls articles de l'équipement que les pêcheurs à la ligne doivent faire par eux-mêmes et qui sont plus faciles à apprendre quand on utilise de la petite corde plutôt que des lignes monofilamentées ou tressées et des bas de ligne, qui sont beaucoup plus minces. Quoi qu'il en soit, la tâche délicate de faire des nœuds avec des lignes à pêche peut être pratiquée à l'intérieur avant d'être exécutée à l'aube au bord de l'eau ou sur l'eau.

Nœud Albright

Ce nœud fiable joindra des lignes de confection et de diamètres différents, par exemple une ligne à une ligne à mouche, monofilamentée ou tressée, et une tresse à un câble.

Méthode

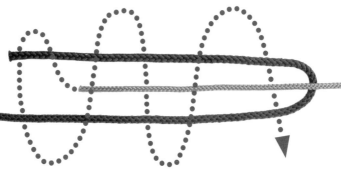

Étape 1

Premièrement, faire une boucle lâche dans la plus grosse ligne (ou câble) et placer la ligne plus petite ou plus flexible par-dessus. Ramener le courant (ou la fin) de la plus petite ligne derrière le patte située en haut de la boucle lâche et faire deux ou trois passes serrées autour des deux lignes, emprisonnant par le fait même le dormant de la plus petite ligne.

Étape 2

Continuer à tourner et à serrer encore quatre passes autour des deux lignes.

Jusqu'au bout

Ce nœud est recommandé pour joindre une ligne
à un fil, à un fil gainé de nylon ou à des bas de
ligne de petit diamètre et ne possédant qu'un
seul brin. En faisant ce nœud, assurez-vous
d'utiliser le fil le plus flexible pour la boucle lâche
ou la boucle et pour faire les passes enveloppantes. Rappelez-vous que plus un nœud est
soigné et serré, moins il y a de chance de glisse-
ment et plus le nœud sera résistant.

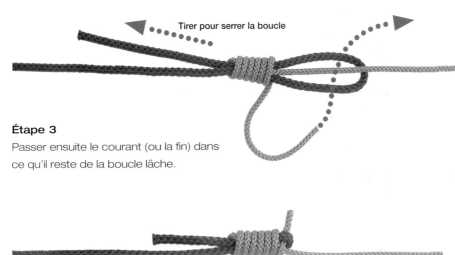

Tirer pour serrer la boucle

Étape 3

Passer ensuite le courant (ou la fin) dans
ce qu'il reste de la boucle lâche.

Étape 4

Finalement, bien serrer le nœud pour que
toutes les passes aient une tension égale et
couper le courant (ou la fin) ou l'attacher au
dormant de la ligne.

Nœud de bouline

Ce nœud fait partie de la famille des nœuds de
bouline, dont chacun a ses particularités et ses
caractéristiques propres. Il est aussi connu sous
le nom de «demi-nœud sanguinaire». Vous
pouvez l'utiliser pour attacher une ligne à un
hameçon ou à un émerillon.

Employer beaucoup de ligne pour attacher ce nœud ou
d'autres nœuds pour la pêche. Les nombreuses torsions
nécessiteront une liberté de mouvement qui permettra les
croisements au moment du «flyping». Serrer lentement et
progressivement afin que les passes d'enveloppement soient
tendues également. Un nœud inégal et trop épais est moins
résistant qu'un nœud soigné et serré.

Méthode

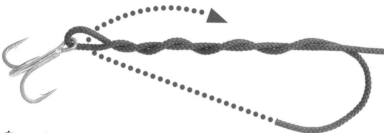

Étape 1

D'abord, passer le courant (ou la fin) dans l'œil
ou l'anneau et entourer soigneusement cinq fois
le dormant. Passer ensuite le courant (ou la fin)
dans la boucle initiale.

> **À SAVOIR**
>
> **Le serrage**
>
> Le serrage étant plus difficile avec des lignes
> plus épaisses, il faut donc réduire le nombre de
> passes à trois et demie; avec des lignes plus
> minces, doubler la ligne pour faire le nœud. De
> toute façon, ce nœud possède 95 pour cent de
> résistance à la rupture.

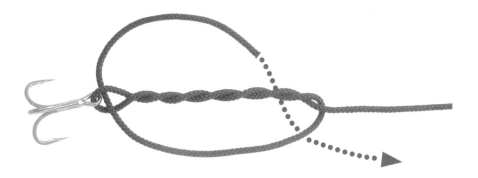

Étape 2

Passer ensuite le courant (ou la fin) par-dessus
le dormant et le rentrer sous ce dernier.

Étape 3

Finalement, tirer soigneusement sur les deux
bouts pour « flyper »(cf. À savoir, page 69) et
serrer.

Étape 4

S'assurer que les passes enveloppantes sont
également tendues et couper le restant de ligne.

Nœud sanguinaire

Voilà un nœud résistant et sûr de la variété des nœuds enveloppants, très populaire chez les moucheurs pour joindre des longueurs de ligne monofilamentée de nylon lorsqu'ils fabriquent des bas de ligne effilés. Il est aussi connu sous le nom de «nœud de baril».

Ce nœud peut être pénible à faire avec des lignes plus épaisses mais des essais sur sa résistance ont démontré qu'il est efficace à près de 100 pour cent et qu'il passe facilement à travers des guides de tige.

Pour faire un nœud sanguinaire modifié avec deux lignes de diamètre différent (et de résistance différente), doubler simplement la fin de la ligne la plus mince et utiliser cette portion doublée pour faire la moitié du nœud.

Méthode

Étape 1

Croiser les deux lignes et tourner un courant (ou la fin) autour du dormant du fil adjacent. Ramener ensuite le courant et le passer entre les deux brins parallèles en montant.

À SAVOIR

Faire attention à :
• Soigneusement aligner les passes pour qu'elles soient toutes collées les unes aux autres;
• Faire plus de passes avec des lignes plus minces (trois ou quatre passes avec des lignes épaisses, six ou sept passes avec des lignes minces);
• Distribuer la tension également en serrant ces nœuds.

Étape 2

Répéter cette manœuvre avec le courant (ou la fin) de l'autre ligne et, cette fois, faire passer le courant en descendant dans la boucle centrale.

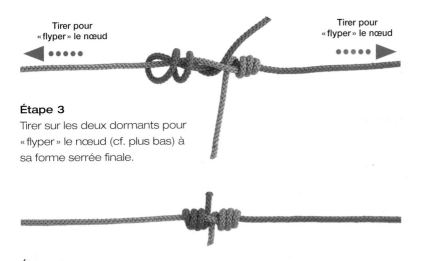

Tirer pour « flyper » le nœud

Tirer pour « flyper » le nœud

Étape 3

Tirer sur les deux dormants pour « flyper » le nœud (cf. plus bas) à sa forme serrée finale.

Étape 4

Finalement, couper les deux courants (ou la fin) près du nœud.

À SAVOIR

Le jargon du nouage

« Flyping » est un ancien terme du nouage devenu populaire dans les années 1980 (cf. aussi page 24). En fait, « flyper » un nœud signifie le retourner de l'intérieur vers l'extérieur, comme lorsqu'on enlève un bas ou un gant. Avec quelques nœuds qui ont besoin d'être « flypés », il faut, à une certaine étape, les ajuster en tirant soit sur les dormants, soit sur les courants pour les terminer.

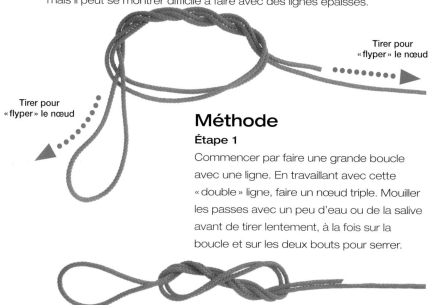

Nœud sanguinaire à boucle

Autre membre de la famille des nœuds sanguinaires, cette variante vous aidera à former rapidement une longue boucle au début d'un système de harnachement. Il est aussi connu sous le nom de «boucle de chirurgien» ou «attache de l'araignée».

Un nœud sanguinaire à boucle a près de 100 pour cent de résistance mais il peut se montrer difficile à faire avec des lignes épaisses.

Tirer pour
« flyper » le nœud

Tirer pour
« flyper » le nœud

Méthode

Étape 1

Commencer par faire une grande boucle avec une ligne. En travaillant avec cette « double » ligne, faire un nœud triple. Mouiller les passes avec un peu d'eau ou de la salive avant de tirer lentement, à la fois sur la boucle et sur les deux bouts pour serrer.

Étape 2

La partie inférieure du nœud se tournera par-dessus le nœud triple et elle « flypera »(cf. page 69) dans la forme enveloppante montrée ci-dessous.

Étape 3

S'assurer que les passes sont soigneusement alignées les unes à côté des autres.

Nœud sanguinaire à boucle fixe

Beaucoup de pêcheurs à la ligne utilisent cette boucle fixe pour attacher des mouches ou des boucles fixes supplémentaires, tout comme des hameçons ou des plombs additionnels dans un système pater noster, et des leurres ou des plongeurs pour la pêche à l'appât.

Méthode

Étape 1
Premièrement, faire un nœud multiple sur le dormant de la ligne avec le courant (ou la fin).

Étape 2
Localiser ensuite le milieu du nœud multiple (ou l'espace central) et tirer le centre de la grande boucle à travers cet espace central, ce qui forme une autre boucle.

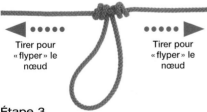

Tirer pour « flyper » le nœud

Tirer pour « flyper » le nœud

Étape 3
Tirer doucement sur les cordes jusqu'à ce que le nœud «flype» à sa forme enveloppante caractéristique pour former un nœud sanguinaire (cf. pages 68-69) et serrer fermement.

Variation
On peut aussi faire ce nœud en joignant deux lignes séparées par un nœud sanguinaire et en attachant les deux courants (ou les fins) ensemble à l'aide d'un nœud croisé par-dessus.

Boucle parfaite

Pour réunir un anneau d'équipement à n'importe quelle sorte de ligne ou bas de ligne – que ce soit une ligne monofilamentée mince ou large – utiliser cette boucle classique. Cette très ancienne boucle est aussi connue sous le nom de «boucle du pêcheur à la ligne».

Une boucle parfaite peut être faite dans une boucle lâche si elle doit être attachée à l'œil ou à l'anneau requis à l'aide d'une attache en anneau (cf. pages 108-109). Plusieurs croient encore que cette boucle date de l'époque de l'auteur anglais et pêcheur à la ligne Izaac Walton (1593-1683), époque où les lignes à pêche étaient fabriquées de crins de cheval, de nerfs et de soie. Toutefois, elle fonctionne aussi bien avec les synthétiques.

> **À SAVOIR**
> Un conseil pratique : accrocher la boucle autour d'une pince à becs ronds ou tout autre objet circulaire, même un clou, de façon à pouvoir la serrer très soigneusement.

Méthode

Étape 1

Commencer par faire un nœud simple en laissant un assez long courant (ou la fin). Passer ensuite le courant dans l'anneau ou l'œil et le ramener au travers du nœud d'origine.

> **ATTENTION !**
>
> La fin (le courant) se retrouve sur le côté du nœud et – contrairement au nœud sanguinaire à boucle – cela créera une perturbation sous l'eau.

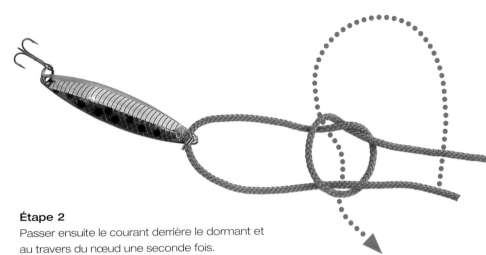

Étape 2

Passer ensuite le courant derrière le dormant et au travers du nœud une seconde fois.

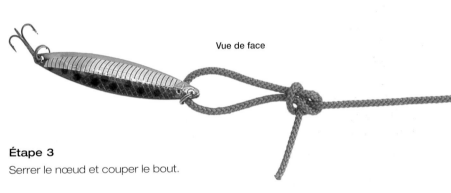

Vue de face

Étape 3

Serrer le nœud et couper le bout.

Vue arrière

Vérifier deux fois

Comme tous les nœuds, si la boucle parfaite n'est pas faite correctement, elle glissera et se dénouera.

Observer les vues de face et arrière de ce nœud, qui sont facilement reconnaissables, avant de l'utiliser.

Nœud tubulaire

Le nœud tubulaire ou de clou attachera une mouche au gros bout d'un bas de ligne. Il existe plusieurs variantes de ce nœud, inventées pour surmonter ou éviter la maladresse de certaines personnes à faire cette version orthodoxe.

Faire ce nœud nécessite un bout de tube de petit diamètre, comme une paille, une canule médicale ou même une recharge vide de stylo à bille.

On prétend que le célèbre pêcheur à la mouche américain Joe Brooks a découvert ce nœud en Argentine, où il aurait été fait avec un clou de fer à cheval, ce qui explique pourquoi il est aussi très bien connu sous le nom de « nœud de clou ».

Méthode
Étape 1

Placer la ligne à mouche et le bas de ligne côte à côte. Ajouter le tube et, avec le courant (ou la fin) du bas de ligne, faire au moins cinq passes consécutives autour des deux lignes et du tub. Passer ensuite le courant (ou la fin) du bas de ligne au travers du tube.

> **À SAVOIR**
>
> **La patience est une vertu**
> Quelle que soit la méthode que vous choisirez, assurez-vous que vous serrez ce nœud patiemment et, seulement quand la forme finale est inévitable, terminez avec quelques petits coups secs. Si vous employez de la ligne à pêche, vous aurez besoin d'un peu plus de patience, puisque c'est un travail particulièrement délicat.

Le nœud du problème

Sa confection est identique, mais pas sa manière de l'attacher à celle de l'empilage de la page 81 (le principe de parcimonie de la page 29, encore une fois) et c'est un autre exemple qui démontre qu'une manière différente d'attacher quelque chose, pour un autre usage, peut entraîner une nomenclature différente..

Étape 2

Retirer le tube de façon à ce que le bas de ligne demeure en place sous les passes du nœud.

Étape 3

S'assurer que les passes soient bien alignées avant de tirer sur les deux bouts pour serrer. Couper les deux bouts et envisager de renforcer ce nœud en l'enduisant de ciment à base de caoutchouc.

Retirer le tube

▶ Nœud marin pivotant

Le nœud marin pivotant est utilisé à la pêche aux gros poissons pour attacher de longues boucles à des émerillons de gros calibres et aussi pour les yeux d'hameçons et les leurres.

On prétend qu'il a été inventé par des pêcheurs de thon de haute mer qui avaient besoin d'un nœud pouvant absorber les chocs énormes et dommageables causés par les coups d'un si gros poisson. Hors du domaine de la pêche à la ligne, le nœud marin pivotant est connu sous le nom de «nœud de gueule de raie» et les travailleurs de la construction et les dockers s'en servent pour les crochets d'élingues de levage.

Méthode

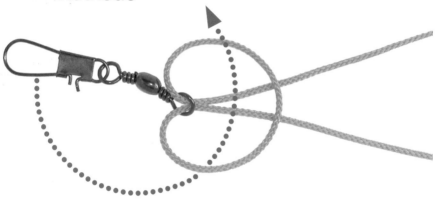

Étape 1

Passer la boucle d'un long câble tressé au travers de l'œil ou de l'anneau et la ramener par-dessus les deux dormants. Passer ensuite le crochet ou l'émerillon dans l'espace central.

À SAVOIR

Boucle solide

Ce nœud inhabituel est exceptionnellement résistant et, même si un des dormants se brise, le nœud devrait rester intact (et vous permettre de conserver votre équipement et possiblement votre prise).

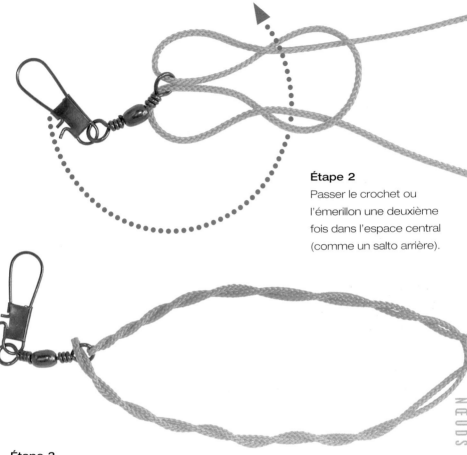

Étape 2

Passer le crochet ou l'émerillon une deuxième fois dans l'espace central (comme un salto arrière).

Étape 3

Répéter la manœuvre de l'étape 2 de six à huit fois encore jusqu'à l'obtention des torsades jumelles requises.

Étape 4

Finalement, mouiller le câble avec de l'eau ou de la salive et, en tirant ou en poussant, serrer les passes du nœud.

Nœud palomar

Ce nœud solide sert à attacher des hameçons, des leurres, des émerillons ou des plombs et il est aisé à faire même dans les conditions les plus difficiles.

Le nœud palomar requiert une double longueur de ligne, donc une plus longue partie du bas d'une ligne pour la pêche à la mouche que la plupart des autres nœuds. Il sera mieux attaché à de gros hameçons ou à des connecteurs simples plutôt qu'à des hameçons triples (comme sur l'illustration), qui sont plus difficiles à passer dans les boucles lâches.

Méthode

Étape 1

Commencer par faire une grande boucle lâche au bout de la ligne. Passer le bout de la boucle au travers de l'anneau ou de l'œil de l'hameçon ou de l'émerillon et faire un nœud simple dans cette double ligne. Ramener ensuite l'hameçon ou l'émerillon dans la boucle lâche de ce nœud.

À SAVOIR

Cent pour cent
S'il est fait et serré soigneusement, le nœud palomar est solide et possède presque 100 pour cent de résistance à la rupture grâce à cette ligne double passant dans l'anneau ou l'œil.

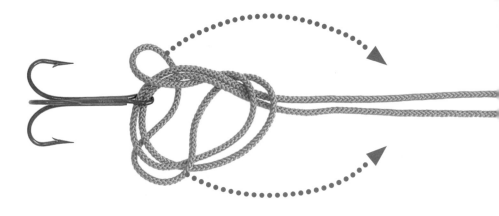

Étape 2

Ramener ensuite la boucle de départ autour du dormant de la ligne.

Étape 3

Serrer en tirant soigneusement sur les deux bouts en même temps.

Étape 4

Vérifier que le nœud simple est solidement pressé sur l'œil et que la boucle entoure et retient le double dormant de la ligne.

Nœud tressé Berkley

Ce nœud a été lancé, peut-être même inventé, par la Berkley Tackle Company pour attacher leur soi-disant «super tresses» à des hameçons, des mouches et des leurres, et il devrait être utilisé à cet effet.

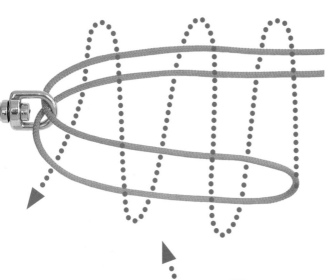

Méthode

Étape 1

Doubler le bout d'une ligne et passer le bout de la boucle lâche au travers de l'œil d'un hameçon ou d'un autre article de quincaillerie. Le ramener le long de ses deux dormants. En travaillant avec le bout de la boucle en direction de l'hameçon, faire une série de quatre ou cinq torsions autour des quatre brins.

Étape 2

Quand les torsions sont faites, passer le bout de la boucle lâche au travers de la boucle accrochée à l'hameçon.

À SAVOIR

Efficacité

Ce nœud sacrifie seulement 10 pour cent de la résistance à la rupture d'une ligne sans nœud; en d'autres mots, il est efficace à 90 pour cent.

Étape 3

Serrer soigneusement et couper le bout de la boucle, ce qui donnera des courants (ou fins) jumeaux.

Empilage

Cette technique est souvent utilisée par les pêcheurs sportifs. L'empilage d'un émerillon à la hampe d'un hameçon, avec un œil tourné vers le haut ou vers le bas, crée une traction droite que l'on prétend être résistante à 100 pour cent.

Méthode

Étape 1

Placer la ligne le long de la hampe d'un hameçon (ou la passer au travers de l'œil d'un hameçon) et faire une large boucle. En utilisant la boucle – et non le bout de la ligne –, faire une série de torsions en enveloppant et en bloquant le courant (ou la fin) le long de la hampe de l'hameçon.

Étape 2

Faire au moins cinq ou six torsions et les serrer.

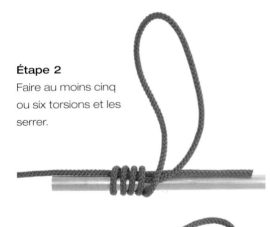

Étape 3

Tirer sur le dormant pour faire disparaître la boucle initiale. Travailler le reste des torsions avec les doigts.

Tirer

Étape 4

Une fois le nœud serré, couper le courant (ou la fin).

À SAVOIR

Un bon accrocheur

L'empilage est très sûr et a été abondamment utilisé pour attacher des lignes à pêche à des hameçons à trois pointes, lesquels n'ont pas d'œil. Il existe plusieurs autres versions de l'empilage, qui sont toutes étroitement apparentées (par le principe de parcimonie, cf. page 29) aux nœuds de clou ou au nœud tubulaire et aux surliures.

NŒUDS POUR LA PÊCHE

81

Nœud de verrouillage

Ce nœud a été conçu expressément pour attacher des lignes monofilamentées à des hameçons munis d'un œil plat, plutôt que ceux ayant un œil tourné vers le haut ou vers le bas, afin de maintenir la traction alignée avec la hampe.

Ce nœud est originaire de France, où on l'appelle « nœud serrure ». Bien qu'on ne puisse jamais être trop catégorique en ce qui concerne l'histoire et la tradition des nœuds, le nœud de verrouillage ou serrure semble être relativement nouveau sur la scène du nouage, puisque seulement quelques manuels de pêche à la ligne le mentionnent.

Méthode

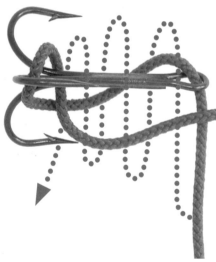

Étape 1

Commencer par tenir le dormant de la ligne le long de la hampe de l'hameçon. Faire ensuite une boucle autour de la hampe et ramener le courant (ou la fin) au travers de l'œil de l'hameçon. En s'éloignant de l'œil, faire de quatre à six torsions autour de l'hameçon et du dormant avec le courant (ou la fin).

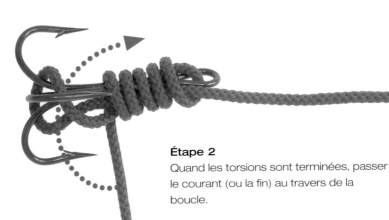

Étape 2

Quand les torsions sont terminées, passer le courant (ou la fin) au travers de la boucle.

Étape 3

Serrer soigneusement le nœud de façon à ce qu'il soit bloqué contre l'œil de l'hameçon.

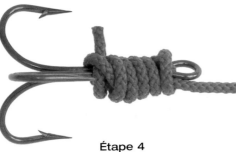

Étape 4

Finalement, couper le courant (ou la fin).

vous voulez en savoir plus?

Attaquez-vous au niveau supérieur...

Voyez...
▶ **Nœud d'arrêt Ashley** —pages 42–43
▶ **Nœud de chaise dans une boucle lâche**
   —page 133
▶ **Attache canut** —page 106

Autres sources
▶ **Les associations et les clubs de pêche à la ligne** Voir les pages jaunes ou les annuaires locaux
▶ **Internet**
   www.pennreels.com
   www.brook-fishing.com/knots
▶ **The International Guild of Knot Tyers**
   Cf. pages 187–188 pour plus d'informations
▶ **Publications** *Tying Strong Fishing Knots* by Bill Herzog (1995)

Chez-soi et

passe-temps

À l'intérieur comme à l'extérieur, dans le garage ou dans le jardin, il faut à tout moment attacher soit un câble, soit une corde ou de la ficelle. Les femmes au foyer, les amateurs et les bricoleurs ont souvent besoin d'une « troisième main » ou d'un « crochet descendu du ciel » pour venir à bout d'un travail difficile, et les nœuds décrits dans ce chapitre deviendront des compagnons de travail infatigables.

Nœud étrangleur

Le nœud étrangleur est tout simplement un nœud double au milieu duquel un objet est inséré.

Quelques personnes préfèrent ce nœud au nœud constricteur de la page 88 mais la seule différence concrète est que le nœud constricteur – contrairement à ce nœud-ci – conformément à la loi de la boucle, de l'attache et de la boucle lâche, peut être fait dans une boucle lâche (cf. page 29).

Utiliser cette attache pour saisir ou pour tenir n'importe quoi, depuis un bout de corde coupée jusqu'à un tapis roulé ou même des affiches ou des épreuves enroulées.

Méthode

Étape 1

Passer le courant autour de l'objet (des objets) à maintenir. Croiser le courant une autre fois par-dessus le dormant et l'objet. Cette étape est la même que pour faire une demi-clé à capeler avec un bout de corde (cf. pages 50-51).

ATTENTION !

Le nœud étrangleur, comme le nœud constricteur, est un nœud de serrage qui ne devrait pas être employé comme attache (cf. page 16) parce qu'il se coincera et sera très difficile à dénouer.

Étape 2

Dévier ensuite le courant et le passer d'abord
par-dessus puis sous le dormant et le
croisement diagonal.

Étape 3

Serrer soigneusement le nœud.

Étape 4

Finalement, couper les bouts.

Nœud constricteur

Une solution de remplacement au nœud étrangleur (cf. pages 86-87) est le nœud constricteur, qui peut être semi-permanent pour empêcher le bout d'une corde de s'user et de se défaire.

Vous pouvez aussi l'utiliser pour renforcer les treillis du jardin affaiblis par le poids des plantes grimpantes ou même pour attacher tout simplement un crayon à une planchette à pince. Faites ce nœud avec le bout d'une corde quand l'extrémité de l'objet à attacher est inaccessible et avec une boucle lâche quand elle est accessible.

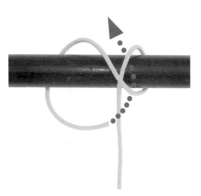

Fait avec le bout d'une corde

Étape 1

Prendre le courant et le passer par-dessus la pièce fixe pour former une croix (comme pour faire une demi-clé à capeler, cf. pages 50-51). Placer ensuite le courant par-dessus le dormant et l'insérer sous les deux parties du nœud (ou le croisement dans la corde).

Étape 2

Le résultat est un nœud nécessitant d'être serré. Tirer fermement sur le courant et le dormant en même temps.

Étape 3

Finalement, couper les bouts assez court.

Variation

Une autre possibilité est de faire une boucle de l'évadé qui se dénoue rapidement.

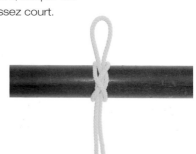

Fait avec une boucle lâche

Étape 1
Passer une boucle (comme sur l'illustration) par-dessus le bout de l'objet à agripper. Tirer ensuite une boucle lâche de la partie arrière de la corde.

Étape 2
Faire un demi-tour et passer la boucle obtenue par-dessus le bout de l'article fixe.

Étape 3
Former le nœud et serrer en tirant.

Étape 4
Couper les bouts très court.

Nœud boa

**Essayez ce nœud plus volumineux
lorsque vous utilisez une ficelle ou un fil
mince, plutôt que le nœud étrangleur ou
le nœud constricteur.**

Le nœud boa combine les formes et les fonctions de ces deux nœuds,
mais il peut être trop volumineux pour les cordes plus grosses. Il a été
conçu pour les travailleurs manuels qui devaient serrer les bouts de
nattes ou de tresses lesquelles étaient ensuite coupées près du nœud.

Méthode

Étape 1

Premièrement, faire deux boucles dans
le sens horaire avec une longueur de
corde. Faire ensuite un demi-tour à 180
degrés pour obtenir un petit rouleau
(formant un huit allongé).

À SAVOIR

Le nouage en tête

Ce nœud a été conçu et publicisé par
l'éminent tisserand et artisan Peter
Collingwood dans les années 1990,
bien que l'on ait appris plus tard
qu'au moins deux autres noueurs –

à savoir John Halifax (Royaume-Uni)
et Heinz Prohaska (Autriche) – avaient
eux aussi découvert cette grippe
innovatrice et qu'ils l'utilisaient depuis
presque une décennie. L'histoire du
nouage est souvent comme ça.

Étape 2

Passer ensuite l'objet à attacher
au travers de la figure en huit ou
alors, lorsque c'est possible,
glisser ce nœud par-dessus
l'objet à attacher.

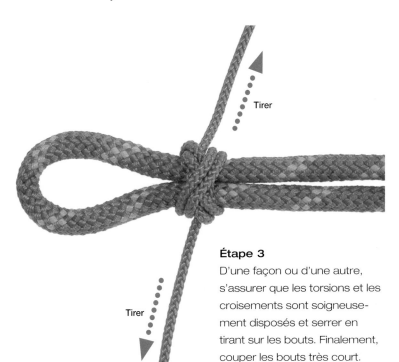

Tirer

Tirer

Étape 3

D'une façon ou d'une autre,
s'assurer que les torsions et les
croisements sont soigneusement disposés et serrer en
tirant sur les bouts. Finalement,
couper les bouts très court.

▶ Épissure courte

De nombreuses épissures courtes ont été conçues par des marins, des confectionneurs de voiles à bateau et des monteurs mais celle-ci est la plus connue et la plus efficace pour joindre deux câbles d'une épaisseur égale.

Méthode

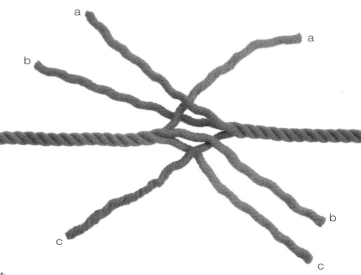

Étape 1

Défaire les brins des deux cordes sur une longueur d'environ 10 à 15 fois le diamètre de la corde. Placer ensuite le brin (a) rouge par-dessus le brin (b) vert et sous le brin (a) vert. Continuer en plaçant le brin (b) rouge par-dessus le brin (c) vert. Finalement, placer le brin (c) rouge sous le brin (c) vert. Le but est d'entrelacer les brins.

ATTENTION!

L'épissure épaissit la corde et peut l'empêcher de passer dans l'œil d'une moufle, d'un guide-câble ou d'un autre article de gréement.

Étape 2

Pousser les cordes l'une vers l'autre et attacher temporairement les trois brins rouges à la corde verte avec du ruban adhésif, un nœud étrangleur ou un nœud constricteur (cf. pages 86-87 et 88-89). Tourner ensuite la corde dans le sens horaire et, en utilisant la méthode d'épissure de bout de câble (cf. page 45), c'est-à-dire par-dessus un brin et par-dessous l'autre brin, commencer à entrelacer les brins verts avec la corde rouge.

Étape 3

Continuer l'épissure des brins verts avec la corde rouge de trois à cinq fois et s'assurer que chaque épissure soit bien serrée individuellement.

Étape 4

Détacher ensuite les trois brins rouges inutilisés et les entrelacer avec la corde verte dans la direction opposée.

Étape 5

Il n'est pas nécessaire de surlier ou de mettre du ruban adhésif sur les bouts des six brins, puisqu'ils vont s'user avec le temps, mais il est bon de le faire pour éviter qu'ils forment une obstruction lorsque les cordes sont utilisées.

Nœud de jarre Asher

Pour transporter un récipient plein de liquide, que ce soit un jéroboam de champagne, de l'eau ou de l'acide sulfurique, il est plus facile et plus sécuritaire de le faire avec cette dragonne, conçue par le docteur Harry Asher et introduite en 1986.

De plus, un tel récipient peut être lourd et la condensation, par temps chaud, peut rendre la surface extérieure glissante. Grâce à ce dispositif, votre tâche deviendra plus simple. C'est aussi une excellente méthode pour suspendre une bouteille de votre boisson d'été préférée dans un courant froid en attendant de la consommer.

Méthode

Étape 1

Pour faire une poignée idéale à une bouteille, un pot ou un pichet, commencer par attacher ou épisser une longueur de corde en une dragonne sans fin (morceau de corde de forme circulaire). Faire une attache en anneau en encerclant le goulot du récipient avec la corde. Écarter un bout de la boucle et passer l'autre bout dessous. Tirer ensuite une boucle lâche et faire un autre tour du récipient.

Étape 2

Passer ensuite la boucle lâche sous la première boucle. (Serré, ce serait un nœud de Prusik, cf. page 124).

Étape 3

Toutefois, pour la dragonne Asher, tirer une autre boucle lâche et faire un demi-tour à 180 degrés.

Étape 4

Passer la première boucle lâche au travers de la nouvelle boucle lâche.

ATTENTION !

Cette dragonne n'est pas fiable puisqu'elle ne se bloque pas et ne reste pas serrée. À chaque utilisation, il faut resserrer toutes les torsions enveloppantes.

Étape 5

Finalement, serrer soigneusement toutes les torsions enveloppantes.

Nœud de Tarbuck

Utiliser ce nœud pour les haubans de mât et autres cordes requérant des modifications périodiques de leur tension, quelle que soit la raison.

C'est un nœud glisse-et-prise comme le nœud de griffe (cf. pages 60-61), qui peut être ajusté à la main à la grandeur désirée mais qui agrippe et tient fermement une charge.

Méthode

Étape 1

D'abord, avec le courant, faire une boucle croisée par-dessus le dormant, puis faire deux torsions et demie autour de ce dernier.

À SAVOIR

Extraction

Dans les années 1940, ce nœud a été utilisé par trois chirurgiens du Wisconsin, aux Etats-Unis, où il était connu sous le nom de « nœud d'extraction ». Il a été redécouvert et rendu brièvement populaire auprès des escaladeurs du Royaume-Uni des années 1950 par Ken Tarbuck pour son usage avec des cordes de nylon. Il a toutefois été jugé peu approprié pour les cordages gainés de construction (kernmantel) puisqu'il endommageait l'enveloppe extérieure. Par conséquent, il n'est pas recommandé de l'utiliser comme nœud de survie.

Étape 2

Compléter la troisième
torsion et ramener le
courant en le croisant
par-dessus le dormant.
Faire une autre torsion.

Étape 3

Passer le courant par-dessus et
sous lui-même.

Étape 4

Serrer méticuleusement le
nœud et s'assurer que les
torsions s'appuient soigneusement l'une contre l'autre.

Nœud de jambe de chien

Ce nœud sous-estimé raccourcira temporairement toute corde trop coûteuse pour être coupée. Il peut aussi être utilisé pour réduire une section ou une corde endommagée et affaiblie.

Méthode

Étape 1

Faire un trio de boucle (deux dans le sens horaire et la troisième dans le sens anti-horaire) avec la boucle centrale plus grande que les deux boucles extérieures. Tirer chaque côté de la boucle centrale au travers de sa boucle adjacente plus petite.

Étape 2

Pour éviter que le nœud se défasse, passer le dormant dans chaque boucle lâche – à condition que la corde soit assez courte pour rendre cette opération facile.

Étape 3

Autrement, coincer et retenir la boucle lâche au dormant à l'aide d'un cabillot improvisé.

Nœud tressé

Ce nœud de fantaisie servira de réducteur décoratif pour une ceinture, telle une cordelière de robe de chambre, et d'ornement pour le cordon du sifflet d'un arbitre.

Un nœud tressé est très pratique à connaître parce qu'il permet aussi de faire une poignée pour un colis pesant ou une valise.

Méthode

Étape 1

Faire une grande boucle et placer le courant vers le bas sur le dormant. En utilisant les deux côtés de la boucle et une partie de la corde, commencer un tressage à trois brins : ramener le côté gauche par-dessus le courant.

Étape 2

Ramener ensuite le côté droit par-dessus la corde du milieu.

Étape 3

Passer ensuite le côté gauche par-dessus la corde du milieu. Continuer cette opération et s'assurer de serrer le tressage de temps en temps. Il faudra démêler les côtés libres du bas de la boucle quand ils se mêleront et nuiront au tressage.

Démêler

Étape 4

Quand la longueur requise est atteinte et pour bloquer, faire une passe finale vers le bas dans ce qu'il reste de la boucle. Aucun serrage ne devrait être nécessaire.

Nœud lapon

Le nœud lapon est utilisé pour attacher les rennes de l'Arctique – d'où le nom – mais il peut aussi servir de substitut gratis à une boucle, un mousqueton ou tout autre article de quincaillerie pour cordon ou laisse.

C'est un nœud à dégagement rapide (un des quelques nœuds qui se défont en un seul coup) et il peut être utilisé avec une ceinture, que ce soit un cordon coupé ou un harnais de sécurité improvisé.

Méthode

Étape 1

Tout d'abord, faire une boucle lâche à la fin d'une ligne. Placer ensuite le courant par-dessus et sous les deux côtés de la boucle lâche.

À SAVOIR

Un seul coup

La plupart des soi-disant nœuds coulissants (ceux qui ont une boucle de l'évadé) sont faciles à dénouer mais ne relâchent pas aussi facilement la personne ou l'objet qu'ils retiennent. Il faut souvent des torsions et des passes supplémentaires pour les défaire. Cependant, le nœud lapon se défait en un seul coup.

Étape 2

Tirer ensuite une boucle lâche à même le courant, la ramener par-dessus la première boucle lâche et la passer entre son propre dormant et le côté le plus bas de la première boucle lâche.

Étape 3

Serrer le nœud soigneusement pour que le courant soit entouré par un croisement de trois brins noués.

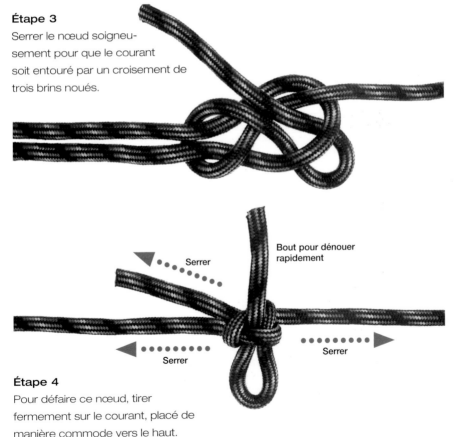

Bout pour dénouer rapidement

Serrer

Serrer

Serrer

Étape 4

Pour défaire ce nœud, tirer fermement sur le courant, placé de manière commode vers le haut.

Boucle de harnais

Comme son nom l'indique, la boucle de harnais nous a été léguée par nos ancêtres ruraux et agricoles mais elle peut être faite avec des cordages en matériau de fine pointe tout comme de la corde brute ou des lanières de peau ou de cuir crus.

À un certain moment, ce nœud était connu sous le nom de «boucle de tirage» puisqu'il servait à atteler des chevaux à des chariots ou à des voitures dans le but de les tirer. Cette boucle était aussi appelée «boucle d'empaquetage», désignant plus humblement un usage domestique. Utilisez-le chaque fois que deux ficelles ou câbles doivent être joints pour ne former qu'une longueur. La boucle de harnais est la base de la boucle de mouflage (cf. page 118).

Méthode

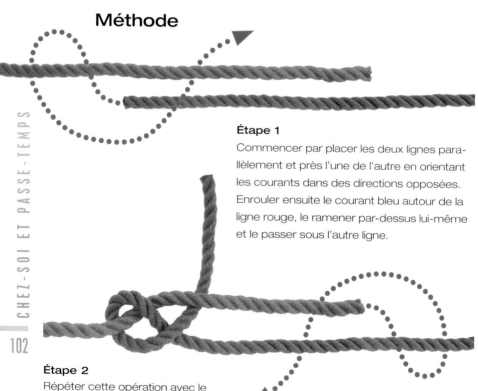

Étape 1

Commencer par placer les deux lignes parallèlement et près l'une de l'autre en orientant les courants dans des directions opposées. Enrouler ensuite le courant bleu autour de la ligne rouge, le ramener par-dessus lui-même et le passer sous l'autre ligne.

Étape 2

Répéter cette opération avec le courant de la ligne rouge.

Étape 3

Pour compléter la boucle de harnais,
ajuster simplement les deux courants
en suivant la direction des flèches
(ramener la corde bleue vers la droite
et la corde rouge vers la gauche).

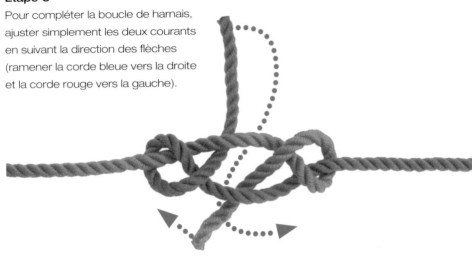

Étape 4

S'assurer que la boucle correspond bien à
l'illustration avant de la serrer.

Étape 5

Serrer le nœud en tirant sur les courants et les
dormants à tour de rôle.

Nœud de pêcheur simple

Ce nœud adaptable peut être fait avec de la ficelle, de la corde ou du câble, pour tout usage imaginable, quand deux longueurs doivent être jointes pour n'en former qu'une seule.

Utilisez-le pour joindre deux petits bouts de ficelle nécessaires à l'empaquetage ou pour joindre une corde à tout autre cordage utilisé à l'extérieur de la maison. Il est toutefois préférable d'employer des cordes de même diamètre.

Méthode

Étape 1

Placer les deux cordes l'une à côté de l'autre avec les courants pointant dans des directions opposées. Avec le courant de la corde bleue, faire un nœud simple autour de la corde rouge.

Étape 2

Ensuite, avec le courant de la corde rouge, faire un autre nœud simple dans le même sens (soit torsadé en S ou torsadé en Z, cf. page 15) autour de la corde bleue.

Tirer

Tirer

Étape 3

Tirer sur les deux courants pour serrer les nœuds
individuellement et tirer ensuite sur les dormants
pour les rapprocher.

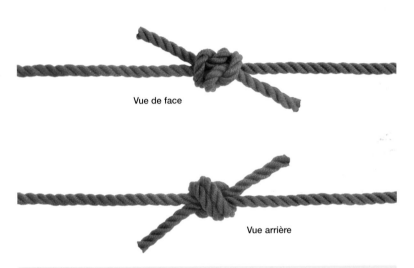

Vue de face

Vue arrière

À SAVOIR

Prévalence manuelle

Quelques personnes font délibérément ce nœud avec des nœuds simples de sens opposés (un torsadé en S et l'autre torsadé en Z, cf. page 15), probablement influencées par les nombreux manuels de nouage décrivant et illustrant ce nœud de cette façon ; elles affirment ensuite que c'est la bonne façon de faire. Il existe pourtant un rapport d'essais dans *The Alpine Journal* (n° 40, 1928) qui conclut que des nœuds correspondants (ceux qui sont faits dans le même sens) sont plus résistants. Quoi qu'il en soit, la présente version est plus soignée et – en accord avec la loi de Budworth – il est toujours préférable qu'un nœud soit élégant.

Attache canut

Cette attache des plus simples peut être utilisée pour retenir un outil à un cordon, le bout inactif d'une ligne d'attrape à la ceinture d'un lanceur ou pour lier une drisse à un dériveur.

Ce nœud auparavant quelconque aurait apparemment été baptisé en 1990 par le gréeur américain et écrivain Brion Toss.

Méthode

Étape 1

Passer une boucle lâche dans l'ouverture serrée d'un œil ou d'un autre espace restreint.

Étape 2

Passer ensuite le courant au travers de cette boucle lâche. C'est ce qu'on appelle une passe de verrouillage.

Étape 3

Pour améliorer la sécurité de cette attache, ajouter un nœud d'arrêt (cf. page 16) ou une perle de plastique au courant.

Nœud de tête d'alouette autobloquant

Cette variation du nœud de tête d'alouette autobloquant est une attache polyvalente pouvant être utilisée pour lier un câble à une barre, un anneau ou un poteau.

Méthode

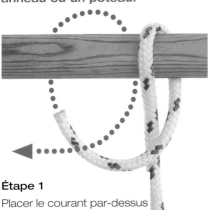

Étape 1

Placer le courant par-dessus le poteau et le croiser par-dessus son propre dormant. Répéter cette opération une seconde fois.

Étape 2

(Ceci est le nœud de tête d'alouette autobloquant.) Prendre ensuite le courant et le passer sous les deux parties de la corde entourant le poteau.

Étape 3

Tirer le courant et le dormant pour rendre le nœud sûr.

Variation

Pour dénouer rapidement, former une boucle de l'évadé sous les deux parties de la corde formant le nœud.

À SAVOIR

Suspendu dans le temps

Le poids d'un chargement n'étant supporté que par le courant du nœud de tête d'alouette, ce dernier a toujours été considéré comme étant peu fiable, c'est-à-dire jusqu'à ce qu'il soit adapté (par cette simple modification de la passe du courant), baptisé nœud de tête d'alouette autobloquant et largement publicisé en 1986 par le chercheur scientifique, le docteur Harry Asher.

Attache en anneau

Quand une dragonne sans fin doit être attachée à un anneau et que ce dernier est fixé à quelque chose de plus gros que cette dragonne (par exemple un édifice ou un taureau de grand prix), l'attache en anneau apporte une solution.

Cette attache est aussi très utile pour lier des étiquettes à des colis ou à des bagages.

En raison de sa configuration, cette attache est souvent désignée sous le nom de tête d'alouette et quelquefois, à tort, de nœud de tête d'alouette (cf. aussi nœud de tête d'alouette autobloquant, page 107).

Méthode

Étape 1

Passer une boucle lâche de la dragonne sans fin au travers de l'anneau. Ramener ensuite cette boucle lâche au travers d'elle-même.

Étape 2

Glisser l'attache obtenue vers le haut sous l'anneau.

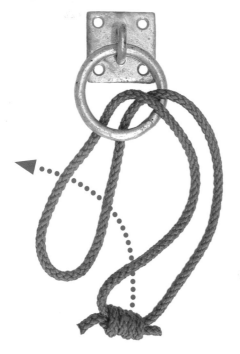

Méthode pour de petits objets

Étape 1

Pour attacher un cordon à un chronomètre ou à un sifflet plus petit que la boucle, passer d'abord la boucle au travers de l'anneau ou de l'œil de l'objet. Passer ensuite simplement l'objet au travers de la boucle.

À SAVOIR

Poids partagé
• Une attache en anneau partage le poids du chargement également entre les deux parties de la boucle.
• Pour s'assurer que l'attache tienne bien, exercer une pression égale sur les deux parties de la corde.

Étape 2

Tirer la boucle pour serrer et assurer la sécurité de l'objet. Pour retirer l'objet, inverser simplement les étapes 1 et 2.

Tour mort et deux demi-clés

Extrêmement facile et rapide à faire, ce nœud résistera à des coups intermittents ou à des tractions dans plusieurs directions.

Il est utilisé pour amarrer des bateaux, attacher des animaux, remorquer des véhicules ou suspendre n'importe quoi n'importe où, et permet de retenir (ou freiner) un chargement grâce à la friction qui est générée à même le tour mort, avant que les deux demi-clés soient ajoutées. Quand vient le temps de défaire ce nœud, les deux demi-clés peuvent être dénouées pendant que le chargement reste maintenu et contrôlé par le tour mort.

À SAVOIR

Nœuds voisins
Le tour mort et deux demi-clés ressemble beaucoup au nœud d'étalingure (cf. page 53). La différence est que la première demi-clé est exécutée sous le tour mort et non à travers celui-ci.

Méthode

Étape 1
Avec le courant, faire deux torsions autour du poteau pour former le tour mort. Passer ensuite le courant autour du dormant.

Étape 2
Faire une première demi-clé serrée. Répéter pour former la deuxième demi-clé.

Étape 3
Finalement, ajuster et serrer les deux demi-clés.

Attache du voleur de grand chemin

Cette remarquable attache permettra d'ancrer une corde double de telle manière qu'elle pourra être dénouée à distance ou très rapidement d'une seule main.

Étape 1

Faire une boucle lâche dans la corde et la placer derrière la barre ou un autre point d'attache. En utilisant ce qui deviendra le dormant de la corde, insérer une deuxième boucle lâche dans la première.

Étape 2

Maintenant, avec le courant, insérer une troisième boucle lâche (bloquante) dans la deuxième pour former une boucle de l'évadé.

Étape 3

Faire attention de charger seulement le dormant de la corde. Tirer la boucle de l'évadé pour dénouer.

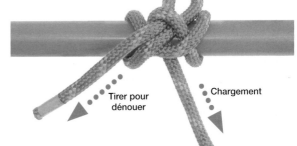

Tirer pour dénouer

Chargement

Attache de calicque

**L'attache de calicque est particulièrement
efficace avec des objets de formes
irrégulières mais elle a tendance à
glisser sur des objets plus lisses.**

Elle est très utile si vous avez besoin de traîner un tronc d'arbre ou un
billot sur la terre et de le remorquer dans l'eau, ou même de hisser des
gouttières de plastique ou des tuyaux d'écoulement.

Méthode

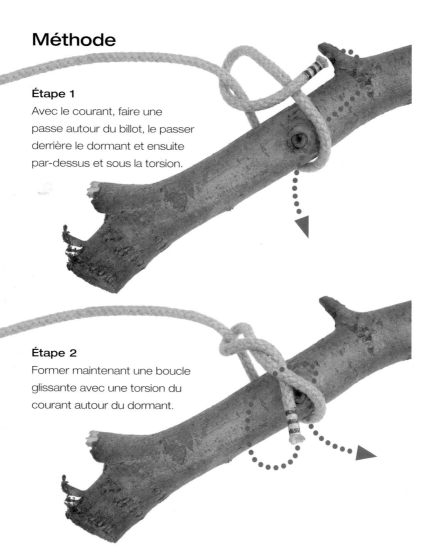

Étape 1
Avec le courant, faire une
passe autour du billot, le passer
derrière le dormant et ensuite
par-dessus et sous la torsion.

Étape 2
Former maintenant une boucle
glissante avec une torsion du
courant autour du dormant.

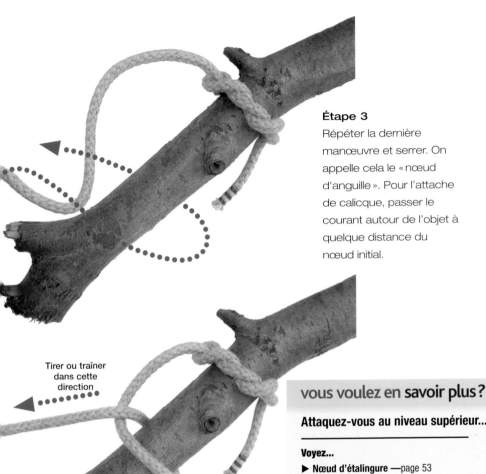

Étape 3

Répéter la dernière manœuvre et serrer. On appelle cela le « nœud d'anguille ». Pour l'attache de calicque, passer le courant autour de l'objet à quelque distance du nœud initial.

Tirer ou traîner dans cette direction

Étape 4

En formant cette demi-clé, une traction rectiligne est assurée. Pour des objets lisses, utiliser deux demi-clés ou plus.

À SAVOIR

Jeter l'ancre

Le mot « calicque » est un terme argotique des marins pour désigner une petite ancre et cette attache a déjà servi à retenir une grosse pierre ou autre objet lourd pour ancrer une petite embarcation au fond de la mer.

vous voulez en **savoir plus?**

Attaquez-vous au niveau supérieur...

Voyez...
- ▶ **Nœud d'étalingure** —page 53
- ▶ **Boucle de mouflage** —page 118
- ▶ **Nœud de pêcheur double** —page 120

Autres sources
- ▶ **Sites Web utiles** Demandez « tying knots » (faire des nœuds) à n'importe quel moteur de recherche
- ▶ **Clubs et associations** Adhérez à The Braid Society
- ▶ **Nœuds décoratifs** Inscrivez-vous à un cours du soir de macramé ou d'artisanat
- ▶ **Livres sur les nœuds** Visitez votre librairie locale
- ▶ **Magazines** Abonnez-vous à *Knotting Matters* (Question de nœuds)

Nœuds

de survie

Il n'y a pas que les spéléologues et les alpinistes dont la vie dépend des nœuds. Aujourd'hui, plusieurs autres individus doivent grimper dans les hauteurs ou descendre dans les profondeurs dans l'exercice de leur emploi. Les archéologues, les ouvriers spécialisés dans le travail sur de hauts échafaudages, les ingénieurs civils, les spécialistes de la chirurgie végétale et les équipes de sauvetage en font partie. Quelques-uns des nœuds les plus importants employés par ces gens sont décrits ici.

Nœud plat renforcé

Ce nœud permet d'attacher ensemble des cordes pour la descente en rappel. Parce que cette combinaison ressemble au nœud de pêcheur double (cf. page 120) qui utilisait le nœud plat, il est quelquefois appelé «nœud plat du pêcheur double» ou «nœud du pêcheur carré».

Le naturaliste et écrivain romain Pline l'Ancien (23-79 après Jésus-Christ) a écrit que les plaies bandées avec un nœud plat guérissaient plus rapidement, et les instructeurs des cours de premiers soins des temps modernes insistent encore pour que les attelles et les bandages soient attachés avec ce nœud, bien qu'ils ne soient probablement pas au courant de cette croyance superstitieuse.

> **ATTENTION !**
>
> Ne jamais employer un nœud plat (connu sous le nom de «nœud carré» aux États-Unis) comme lien servant à joindre deux cordes à moins qu'il ne soit bloqué ou verrouillé de cette façon.

Méthode

Étape 1

La plupart des individus se rappellent ce nœud de la façon suivante : gauche par-dessus droit et ensuite droit par-dessus gauche. Évidemment l'inverse, droit par-dessus gauche et gauche par-dessus droit, peut être plus facile. Les deux méthodes éviteront de faire un nœud de vache peu fiable.

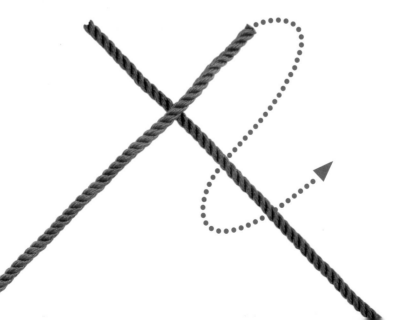

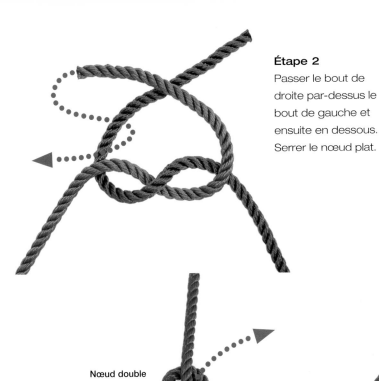

Étape 2

Passer le bout de droite par-dessus le bout de gauche et ensuite en dessous. Serrer le nœud plat.

Nœud double

Étape 3

Pour renforcer le nœud plat, utiliser le courant pour faire un nœud double (cf. page 24) à quelque distance du nœud plat. Avec l'autre courant, faire un deuxième nœud double.

Nœud double complété

Serrer

Étape 4

Finalement, ajuster et serrer les deux nœuds doubles.

Serrer

Boucle de mouflage

Si elle est très efficace pour joindre des aussières en fibre naturelle, la boucle de mouflage fonctionne également bien avec les cordages gainés synthétiques (kernmantel) ou les cordes tressées doubles et retient même fermement les matières élastiques sous un impact.

La première boucle est apparue dans *The Alpine Journal* (1928) quand elle a été recommandée pour l'utilisation avec des cordes d'escalade fabriquées de chanvre de manille ou de lin. Aujourd'hui, peu d'escaladeurs la connaissent, mais elle est plus facile à dénouer que le nœud de pêcheur double (ou nœud liane) et elle est supérieure en tous points au nœud plat renforcé.

Méthode

Étape 1

Placer deux cordes l'une contre l'autre en orientant les courants dans des directions opposées. Passer l'un des courants autour de l'autre corde, par-dessus lui-même et sous l'autre corde. Répéter cette opération avec le courant de l'autre corde.

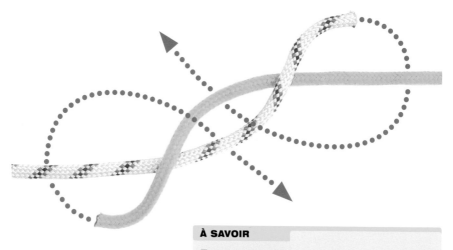

À SAVOIR

Bonnes bases

La base de la boucle de mouflage est la boucle de harnais (cf. pages 102-103) et les deux premières étapes sont identiques pour l'une et pour l'autre.

Étape 2

Ensuite, passer simplement chaque courant au travers de la boucle qui entoure son dormant.

Serrer

Serrer

Étape 3

Serrer le nœud soigneusement et s'assurer que les boucles soient bien placées les unes contre les autres.

Vue de face

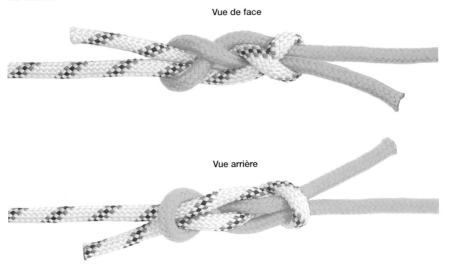

Vue arrière

Nœud de pêcheur double

Utiliser cette version modernisée du nœud de pêcheur afin de joindre deux cordes ensemble pour de longues descentes en rappel.

Méthode

Étape 1

Disposer parallèlement deux cordes à joindre ensemble en plaçant les courants dans des directions opposées. Avec le courant de la corde rouge, faire un nœud double autour du dormant de l'autre corde. Ensuite, avec le courant de la corde verte, faire un autre nœud double dans le même sens horaire (les deux torsadés en S ou torsadés en Z) autour du dormant de la corde rouge.

À SAVOIR

Autres utilités

Un nœud de pêcheur double (ou nœud liane) possède une seconde utilité, celle d'attacher des cordes à des écrous. Il est aussi employé pour verrouiller les bouts lâches pour d'autres nœuds, comme le nœud plat.

Vue de face

Vue arrière

Étape 2

Tirer sur les deux courants pour serrer individuellement chaque nœud et, ensuite, tirer sur les dormants pour les rapprocher. Pour une sécurité accrue, s'assurer que les bouts de cordes soient assez longs pour pouvoir les attacher au dormant adjacent à l'aide de ruban adhésif.

Nœud de pêcheur triple

L'orsque le nœud de pêcheur double (ou nœud liane) n'est pas
à la hauteur de la tâche, essayer cette version à trois boucles,
encore plus volumineuse.

Méthode

Étape 1

Disposer parallèlement deux cordes en plaçant
les courants dans des directions opposées et
faire un nœud triple avec le courant d'une des
cordes autour du dormant de la corde adjacente.

Étape 2

Répéter l'opération précédente avec l'autre courant. S'assurer
que les deux nœuds soient faits dans le même sens horaire (soit
torsadés en S ou torsadés en Z, cf. page 15).

Étape 3

Serrer et rapprocher les nœuds comme pour
le nœud de pêcheur double. Ici, la vue arrière
montre que les trois torsions sur chaque
ligne sont bien serrés l'une contre l'autre.

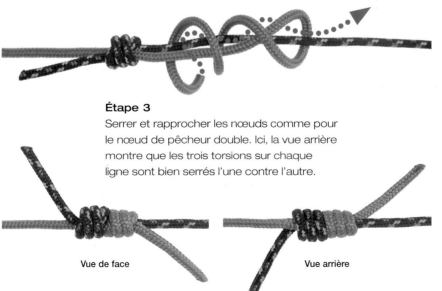

Vue de face   Vue arrière

NŒUDS DE SURVIE

121

▶ Nœud alpin papillon

Ce vieux nœud classique permet à la personne placée au milieu d'une équipe de s'attacher à la corde ; une pratique courante, par exemple, pour traverser un glacier.

La boucle du nœud alpin papillon se démode et redevient à la mode d'une génération à l'autre de grimpeurs ; les premiers la négligent et les suivants la redécouvrent. Cette boucle est faite dans la boucle lâche d'une corde.

Méthode

Étape 1

Faire une boucle lâche dans une corde ; dans la même direction, faire une première torsion et ensuite une deuxième torsion à cette boucle.

Étape 2

Ramener la première boucle vers l'avant et le bas par-dessus la deuxième boucle pour qu'elle repose sur les deux dormants de la corde.

ATTENTION !

Toujours se rappeler que ce nœud empêchera la corde de passer librement au travers d'un dispositif de rappel.

Étape 3

De l'arrière vers l'avant, passer ensuite la première boucle dans la seconde boucle.

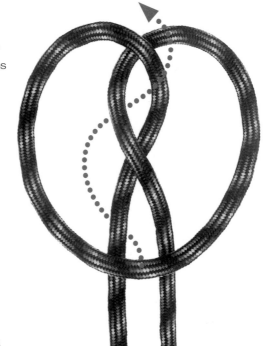

Tirer

Tirer

Étape 4

Tirer soigneusement sur la boucle et ensuite sur les dormants pour serrer le nœud. Ce nœud est facilement distinguable des autres boucles faites au milieu de cordes par la façon dont les deux dormants croisent leurs points d'entrée dans le nœud à l'avant et par les deux boucles jumelles qui se blottissent en créant la forme d'une cuillère à l'arrière.

Nœud de Prusik

En escalade, le nœud de Prusik est essentiel dans tout passage horizontal ou diagonal.

Cependant, les aides mécaniques et les étriers de sangles ou les étriers à échelons, quand on les apporte, sont préférables et supplantent le nœud de Prusik dans les ascensions verticales. Il sert aussi de remplacement pratique au rappel permettant au grimpeur de façonner un nœud de Prusik et de remonter le métrage perdu lors d'un dérapage ou d'une chute.

Méthode

Étape 1

Former une élingue sans fin avec une corde auxiliaire de cinq à six mm (1/4 po) en joignant les deux bouts avec un anneau ou un nœud de pêcheur double (cf. pages 138 et 120). Ensuite, façonner une attache en anneau en plaçant l'élingue autour de la corde simple ou double (ou une base). Passer ensuite cette attache au travers de la boucle de l'attache en anneau. Comme sur l'illustration, faire une seconde passe dans la même attache.

ATTENTION !

Conserver toutes les élingues de Prusik assez courtes pour que le nœud de Prusik lui-même soit à portée de la main ; et se souvenir que ces élingues ont tendance à se dénouer sous l'effet de la chaleur causée par la friction – les minces plus que les grosses – si le nœud ne se serre pas instantanément.

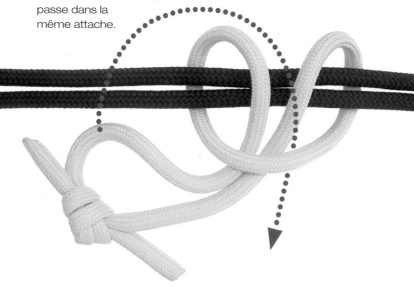

Étape 2

S'assurer que les boucles soient bien placées l'une contre l'autre.

Étape 3

Tirer le nœud obtenu pour bien l'ajuster.

À SAVOIR

Le bon docteur
Cette attache glisse-et-prise a été conçue et popularisée comme moyen de dépannage par le docteur en musique Karl Prusik en 1931, afin de réparer les cordes d'instruments de musique. Il a conduit à une variété d'autres nœuds, boucles et élingues de Prusik.

Boucle en huit

Dans des situations extrêmes, cette boucle fixe est la préférée parce qu'elle est facile à apprendre, à se rappeler et à faire (et pour un premier de cordée, à vérifier).

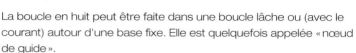

La boucle en huit peut être faite dans une boucle lâche ou (avec le courant) autour d'une base fixe. Elle est quelquefois appelée « nœud de guide ».

Méthode

Étape 1

Former une longue boucle lâche avec le courant d'une corde. Ensuite, avec cette boucle, faire une boucle croisée par-dessus et une torsion de 180 degrés en passant les deux parties de droite sous les deux parties de gauche.

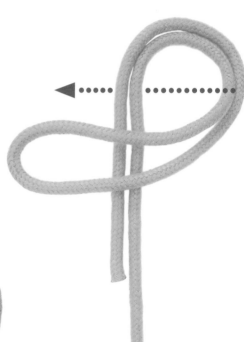

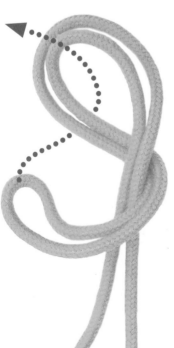

Étape 2

Passer le bout de la boucle lâche au travers de la boucle initiale pour compléter la boucle en huit.

Tirer

Étape 3

Ajuster et serrer soigneusement le nœud. Une bonne idée consiste à changer de côté les parties doubles pour que les courbes de chaque extrémité du nœud se profilent nettement (ne pas les laisser tout simplement parallèles).

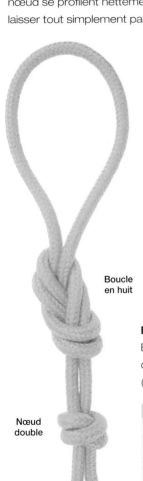

Boucle en huit

Étape 4

Bloquer les bouts de cordes ou les queues avec un nœud double (cf. page 24).

Nœud double

À SAVOIR

Une boucle polyvalente

À la rigueur, cette boucle essayée et testée peut aussi être utilisée par le grimpeur du centre dans une équipe (comme le nœud alpin papillon des pages 122-123), ainsi que pour raccourcir temporairement une section de corde endommagée.

▶

Boucle
en huit double

**Cette volumineuse solution de remplacement au nœud
de chaise dans une boucle lâche (cf. page 133) peut
être utilisée pour s'assurer à des ancrages jumeaux.**

La boucle en huit double tiendra aussi lieu (avec les mesures de
sauvetage appropriées) de chaise d'urgence pour descendre une
personne blessée, une boucle servant de siège et l'autre servant
d'élingue thoracique.

Méthode

Étape 1

Avec la longue boucle lâche
de la fin d'une corde, faire une
boucle en huit (en laissant une
grande longueur à la boucle
lâche). Puis, ramener les deux
côtés de la longue boucle
lâche au travers de la boucle,
comme pour faire une boucle
de l'évadé.

Étape 2

Ramener la boucle lâche
qui dépasse par-dessus les
deux boucles.

Étape 3

Descendre ensuite cette simple boucle
derrière le nœud pour former une
troisième boucle autour du dormant et
du courant.

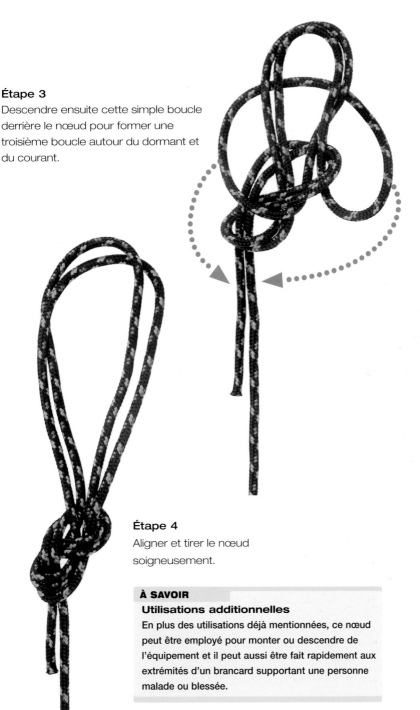

Étape 4

Aligner et tirer le nœud
soigneusement.

À SAVOIR

Utilisations additionnelles

En plus des utilisations déjà mentionnées, ce nœud
peut être employé pour monter ou descendre de
l'équipement et il peut aussi être fait rapidement aux
extrémités d'un brancard supportant une personne
malade ou blessée.

Nœud de chaise lové

Ce nœud unique est utilisé pour assurer la sécurité d'un grimpeur (ou toute autre personne en difficulté) à une corde sans harnais et ne devrait être employé qu'en cas d'urgence ou en dernier recours.

Apprenez tout d'abord à faire ce nœud autour d'un morceau de bois ou d'un livre.

Méthode

Étape 1

Enrouler et ajuster la corde plusieurs fois (au moins quatre fois) autour du morceau de bois (ou de la taille). Ensuite, remonter une boucle lâche tirée de la torsion le plus bas sous les autres torsions et la tourner pour former une boucle.

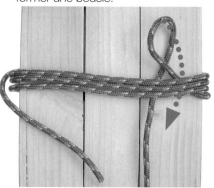

Étape 2

Descendre la boucle par-dessus les torsidus et la laisser sur son dormant.

Étape 3

Passer le courant dans la boucle, sous le dormant et par-dessus l'autre côté de la boucle de façon à le coincer avec le dormant de la corde.

Tirer pour faire renverser le nœud

Étape 4

Renverser le nœud pour obtenir le nœud de chaise courant en tirant fermement sur le dormant.

Étape 5

Finalement, s'assurer de bien bloquer le nœud obtenu avec un nœud double (cf. page 24).

Nœud double

Étape 6

Serrer le nœud soigneusement et s'assurer que les tours sont bien alignés l'un contre l'autre.

Nœud de chaise tour mort

Ce nœud de chaise particulier peut être utilisé comme substitut efficace au nœud de sangle.

Malgré son surnom de «roi des nœuds», le nœud de chaise conventionnel (cf. page 54) n'est ni résistant ni très sûr. Cette variante est préférable, qu'elle soit utilisée pour un ancrage essentiel ou un assurage, ou simplement pour hisser ou descendre un lourd sac à dos rempli d'équipement utile.

Méthode

Étape 1

D'abord, faire un tour mort (deux boucles croisées par-dessus). Ensuite, remonter le courant au travers du tour mort.

Étape 2

Passer le courant derrière le dormant de la corde et le redescendre dans le tour mort.

À SAVOIR

Double énigme

La boucle fixe est aussi appelée, faussement (puisqu'elle n'a qu'une seule boucle), «nœud de chaise double».

Étape 3

Serrer soigneusement le nœud en laissant un long courant. Ce dernier peut être bloqué par un nœud double (cf. page 24).

Nœud de chaise dans une boucle lâche

Utiliser ce nœud à boucle double entre deux ancrages ou comme nœud pour une chaise improvisée en se servant d'une boucle comme siège et de l'autre comme élingue thoracique.

Ce nœud à boucle double peut être fait avec le courant d'une corde ou avec une boucle lâche. Par exemple, quand il est utilisé à la place d'un nœud alpin papillon le grimpeur du centre devrait se passer la boucle double complète autour du torse, étant donné qu'elle est plus confortable qu'une boucle simple.

Méthode
Étape 1

Former une longue boucle lâche avec une corde. Avec la double longueur, former une boucle croisée par-dessus. Remonter le bout de la boucle lâche dans la boucle croisée par-dessus. Redescendre la boucle lâche en avant du nœud à moitié complété.

Étape 2

Remonter la boucle double à travers l'œil de la boucle lâche. Remonter l'œil de la boucle lâche derrière les dormants de la corde.

Étape 3

Serrer soigneusement le nœud. Les bouts de la corde peuvent être bloqués à l'aide d'un nœud double.

Nœud de chaise triple

Ce nœud, qui peut également être fait avec le milieu d'une corde (ou une boucle lâche), servira principalement de moyen d'attache à trois points d'ancrage.

Autre variante du nœud de chaise (cf. page 54), comme le nœud de chaise dans une boucle lâche (cf. page 133), ce nœud aussi peut être utilisé pour fabriquer une chaise de sauvetage en cas d'urgence, avec deux boucles servant de siège et la troisième servant d'élingue thoracique.

Il existe d'autres techniques pour parvenir à faire trois boucles dans seulement un nœud mais cette adaptation du nœud de chaise de base est plus facile à enseigner et à apprendre.

Méthode

Étape 1

Faire une longue boucle lâche avec le bout d'une corde et, avec cette double longueur, une boucle croisée par-dessus. Passer le bout de la boucle lâche dans la boucle croisée par-dessus.

NŒUDS DE SURVIE

Étape 2

Ramener maintenant le bout de la boucle lâche derrière le dormant et le courant inertes et ensuite le redescendre au travers de la boucle.

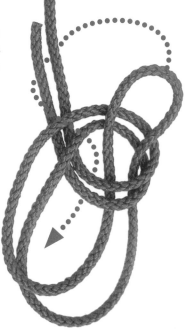

Étape 3

Serrer toutes les parties doubles du nœud lui-même pour que les trois boucles soient de la longueur désirée.

Vous voulez en savoir plus?

Attaquez-vous au niveau supérieur...

Voyez...
▶ **Boucle de harnais**—pages 102–103
▶ **Nœud réducteur**—page 142
▶ **Info. sur les cordages**—pages 166–183

Autres sources
▶ **Associations d'éclaireurs**
   www.scouts.org.uk
▶ **British Mountaineering Council**
   www.thebmc.co.uk
▶ **Vidéo**
   Climbing Rock (cf. site Web de BMC)
▶ **Magazines**
   Global Adventure, Trail
▶ **Films et livres**
   Touching the Void

Noeuds de

sanglage

Le sanglage est en fait le tissage en une bande plate de fibres synthétiques. Principalement, les sangles étaient utilisées pour faire du rappel sur les voiliers ou, sur terre, comme élingues de hissage sur les chantiers de construction. Cependant, on les emploie de plus en plus pour une multitude d'usages sur terre et sur mer, dans les commerces et les résidences, comme câbles de sécurité ou barrières, laisses pour chiens, courroies de bagages et pour attacher des chargements peu maniables.

Nœud d'anneau ou de sangle

Le nœud d'anneau ou de sangle est pratique pour joindre deux longueurs de sangles plates.

Ces nœuds simples conjoints constituent la seule attache recommandée par les comités techniques et de sécurité des grimpeurs pour les élingues et les harnais.

Le nœud d'anneau est ainsi appelé parce qu'il est circulaire. Ce nœud travaille tout aussi bien avec un cordage mais il est connu sous son autre nom – nœud de sangle – utilisé pendant des siècles par des pêcheurs à la ligne, qui fabriquaient leurs lignes à pêche avec des crins de cheval ou des boyaux d'intestins.

À SAVOIR

Informations sur le sanglage
• Le sanglage est un tissage en nylon, en polyester ou en polypropylène.
• Comme tout autre cordage synthétique, il peut être coupé et scellé par la chaleur.
• Il existe deux principaux types de sanglage : plat, comme les ceintures de sécurité dans les voitures, et tubulaire, semblable à un tuyau flexible aplati.
• Le sanglage plat possède la moitié de la résistance du sanglage tubulaire et il est plus fragile aux coupures et aux abrasions ; mais il est plus léger, moins volumineux et excellent pour attacher des chargements sur des toits de voiture ou des remorques.
• Il peut aussi être utilisé pour des étriers d'escalade, des ascendeurs (échelles nouées portables) et des harnais.

Méthode pour le sanglage plat

Étape 1

Faire un nœud simple au bout d'une longueur de sangle. Insérer ensuite le bout de l'autre longueur et suivre le nœud original tout autour.

NŒUDS DE SANGLAGE

Étape 2

Continuer de suivre le nœud original jusqu'à la passe finale.

Étape 3

Serrer soigneusement le nœud en prenant soin d'éliminer toute torsion ou entortille-ment pour que les deux épaisseurs soient bien placées l'une contre l'autre, de façon nette et plate.

ATTENTION !

Comme précaution supplémentaire, il est recommandé de laisser les bouts des sangles assez longs pour permettre de les attacher aux dormants adjacents à l'aide de ruban adhésif.

Méthode pour le tissage tubulaire

Il est aussi possible de créer une élingue sans fin avec le tissage tubulaire en utilisant un nœud d'anneau ou de sangle.

Grâce à cette technique, il est possible de se débrouiller avec n'importe quelle courte sangle à portée de la main pour éviter la fermeture par le vent de portes ouvertes et pour diminuer la souffrance des doigts endoloris par le transport de sacs à provisions de plastique pleins.

À SAVOIR

La qualité et non la quantité

Le tissage tubulaire est fabriqué de deux façons. Éviter le type qui a été fabriqué à plat et ensuite plié et relié par une couture et utiliser seulement les meilleurs produits, ceux qui ont été tissés en rond.

Étape 1

En utilisant une longueur de sangle tubulaire d'environ 45 cm (1 1/2 pied) plus longue que l'élingue requise, faire un nœud simple à environ 45 cm (1 1/2 pied) du bout. Insérer ensuite un bout de sangle dans l'autre bout de sangle de façon à ce que les deux sangles se chevauchent d'au moins 30 cm (1 pied).

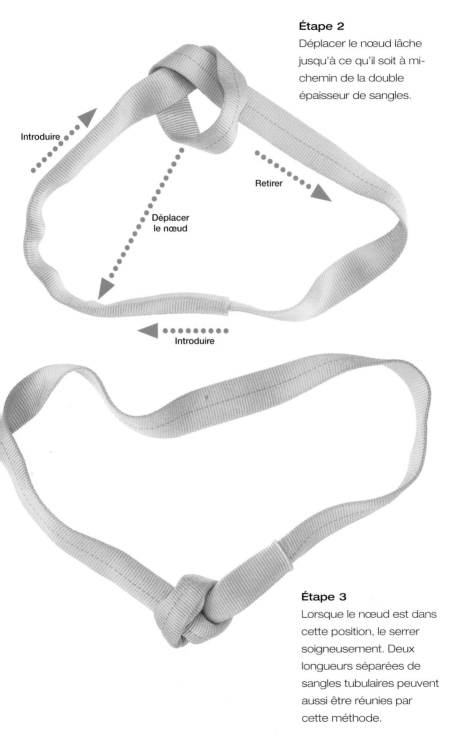

Étape 2

Déplacer le nœud lâche jusqu'à ce qu'il soit à mi-chemin de la double épaisseur de sangles.

Introduire

Retirer

Déplacer
le nœud

Introduire

Étape 3

Lorsque le nœud est dans cette position, le serrer soigneusement. Deux longueurs séparées de sangles tubulaires peuvent aussi être réunies par cette méthode.

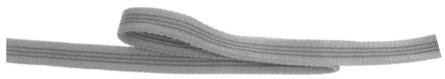

Nœud réducteur

Le nœud de jambe de chien (cf. page 98) consacré par l'usage est loin d'être idéal pour le sanglage. Au lieu de ce nœud, utiliser la technique suivante pour raccourcir une sangle.

Les boucles jumelles fixes de ce nœud peuvent aussi être utilisées comme point d'attache pour des crochets à ressort, des mousquetons, des étriers et d'autres choses de ce genre.

Méthode

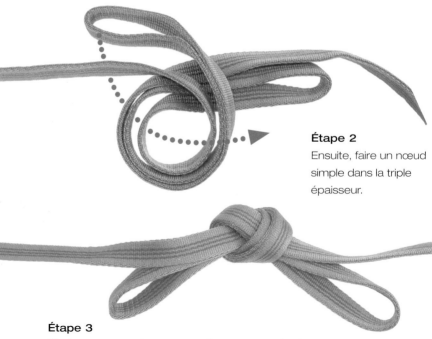

Étape 1

Former un pli triple au milieu d'une sangle.

Étape 2

Ensuite, faire un nœud simple dans la triple épaisseur.

Étape 3

Éliminer toute torsion ou entortillement non désiré et serrer le nœud.

Nœud gelé

Utiliser ce nœud à boucle pour fabriquer des élingues sans fin qui seront converties en courts étriers à échelons appelés étriers ou ascenseurs.

Ce nœud éponyme a reçu son nom de Tom Frost qui semble l'avoir inventé ou découvert dans les années 1960.

Méthode

Étape 1

Former une boucle lâche dans une longueur suffisante (pour la grandeur désirée de l'élingue) à un bout d'une sangle. Placer l'autre bout au milieu.

Étape 2

Faire un nœud simple avec l'épaisseur triple : passer la boucle lâche par-dessus et sous les dormants comme pour former une boucle.

Étape 3

Dans une sangle de 25 mm (1 po) de largeur, la section triple entrecroisée aura environ 25-26 cm (10 po) de longueur. S'assurer qu'il n'y a aucune torsion non désirée et serrer le nœud.

Boucle croisée par-dessus

Cette boucle fixe a autant d'utilisations que n'importe quelle autre boucle fixe faite dans une corde ou un câble.

Elle est pour le sanglage la solution de remplacement au nœud de chaise (cf. page 54) ou à la boucle en huit (cf. pages 126-127). Utilisez-la pour une prise de main adéquate sur la laisse d'un chien, sur un ancrage d'escalade ou sur du matériel d'assurage, pour commencer le ficelage des bagages sur un chariot, d'une amarre et d'un colis.

Les nœuds de sanglage devraient aussi s'utiliser avec tout cordage, comme la corde de parachutisme ascensionnel (cf. page 179), qui n'a pas de noyau central et qui, par conséquent, s'aplatit quand elle est manipulée.

Méthode

Étape 1

Faire d'abord une boucle lâche de la longueur requise au bout d'une sangle.

À SAVOIR

Acheter du sanglage

Disponible au mètre chez les marchands de fournitures pour bateaux ou dans les magasins pour activités extérieures, la sangle plate est ordinairement vendue dans les largeurs de 25 mm (1 po) et 50 mm (2 po) ; tandis que la sangle tubulaire se vend aussi en largeur de 12,5 mm (1/2 po). Vérifier pour quel usage chacune est vendue – la résistance à la rupture peut varier et peut ne pas toujours augmenter avec la largeur de la sangle.

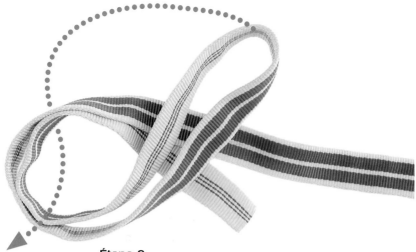

Étape 2

Faire un nœud simple avec l'épaisseur double : passer la boucle lâche par-dessus et sous le dormant pour former une boucle.

Étape 3

S'assurer qu'il n'y a aucune torsion qui puisse nuire.

Étape 4

Serrer le nœud en tirant sur la boucle et les bouts.

Nœud glissant

Cette attache est semblable à l'attache en anneau décrite aux pages 108-109. Les dockers et les arrimeurs peuvent la connaître sous le nom d'«attache à ballot» ou d'«attache à crochet».

Les conducteurs de chariots élévateurs à fourches ou de tracteurs, dans les entrepôts et sur les fermes, peuvent trouver cette attache de sangles pratique, tandis que les jardiniers peuvent l'utiliser pour traîner de lourds sacs de tourbe ou de compost.

Méthode

Étape 1

Placer d'abord l'élingue sans fin (sangle circulaire) à côté du poteau ou du point de fixation, comme sur l'illustration.

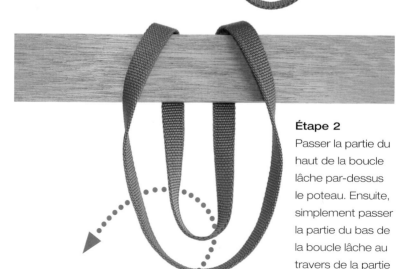

Étape 2

Passer la partie du haut de la boucle lâche par-dessus le poteau. Ensuite, simplement passer la partie du bas de la boucle lâche au travers de la partie du haut pendante.

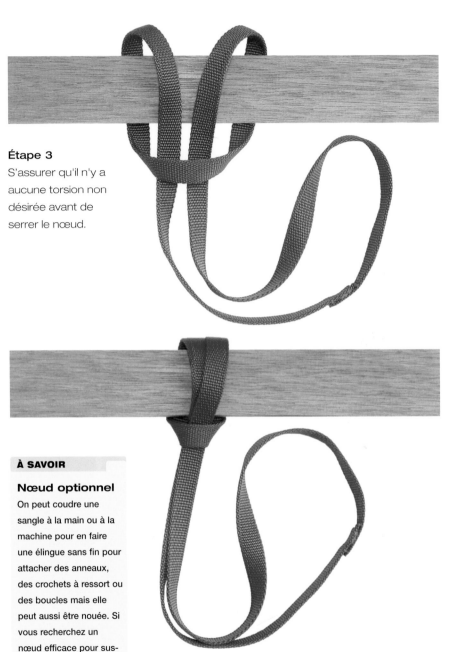

Étape 3

S'assurer qu'il n'y a aucune torsion non désirée avant de serrer le nœud.

Étape 4

Tout en serrant le nœud, placer une des deux parties de la boucle par-dessus l'autre.

Attache en anneau renforcée

Quand l'attache en anneau peut être glissée sur un crochet, une barre, un mât ou un autre point de fixation, vous choisirez peut-être d'utiliser cette variante plus sûre, qui peut aussi être faite dans une boucle lâche.

Méthode

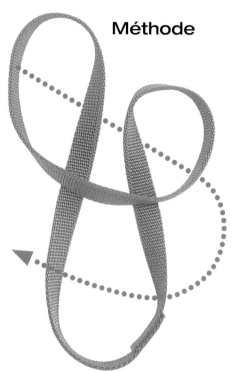

À SAVOIR

Croisements

Nouer cette attache de cette façon, avec trois points de croisement supplémentaires, augmente sa résistance et sa sécurité. Il est possible de la faire avec le bout d'une corde (cf. nœud de tête d'alouette renforcé aux pages 150-151) pour que le chargement ne repose que sur un seul dormant – semblable à une forme robuste de nœud de tête d'alouette autobloquant de la page 107.

Étape 1

Sans la passer autour d'un poteau, commencer par former une attache en anneau (cf. pages 146-147) avec une sangle sans fin, mais former une boucle plus large que l'autre. Passer la boucle la plus grande derrière et la ramener devant le nœud apparaissant pour créer une forme en X.

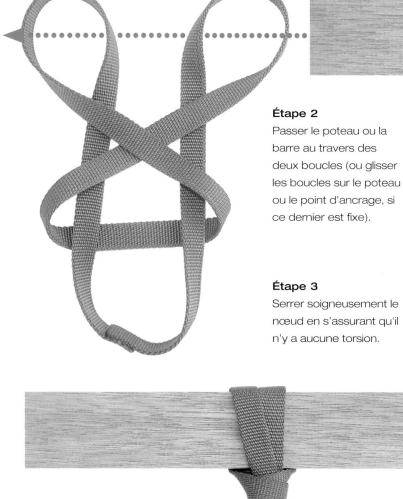

Étape 2

Passer le poteau ou la barre au travers des deux boucles (ou glisser les boucles sur le poteau ou le point d'ancrage, si ce dernier est fixe).

Étape 3

Serrer soigneusement le nœud en s'assurant qu'il n'y a aucune torsion.

Nœud de tête d'alouette renforcé

Avec ce nœud, aussi soigné qu'un nœud de cravate, vous pouvez attacher un animal agité.

Quand vous faites un nœud de tête d'alouette autour d'un anneau fermé, d'une barre ou d'un autre point d'ancrage avec une sangle, vous devez utiliser un courant. S'il est fait avec une élingue sans fin, il devient une attache en anneau renforcée, qui est décrite aux pages 146-147.

Méthode

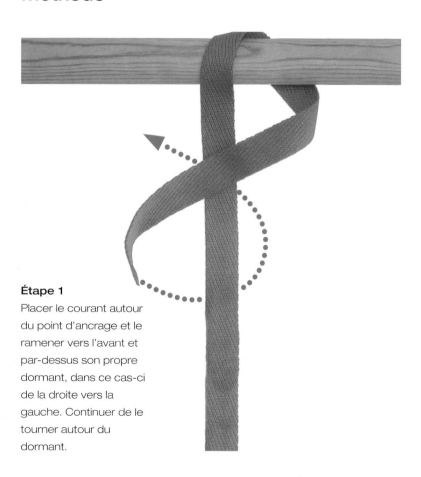

Étape 1

Placer le courant autour du point d'ancrage et le ramener vers l'avant et par-dessus son propre dormant, dans ce cas-ci de la droite vers la gauche. Continuer de le tourner autour du dormant.

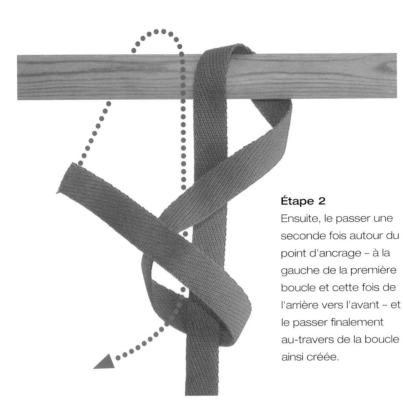

Étape 2

Ensuite, le passer une seconde fois autour du point d'ancrage – à la gauche de la première boucle et cette fois de l'arrière vers l'avant – et le passer finalement au-travers de la boucle ainsi créée.

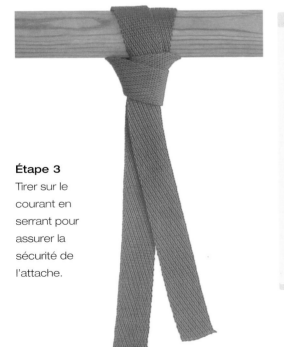

Étape 3

Tirer sur le courant en serrant pour assurer la sécurité de l'attache.

À SAVOIR

Répartir le poids du chargement

Superficiellement semblable à l'attache en anneau renforcée, la dynamique du nœud de tête d'alouette renforcé est différente parce qu'une seule partie du nœud supporte le poids du chargement. Les attaches en anneau permettent de répartir le poids d'un chargement également entre leurs deux bouts. (Cf. aussi nœud de tête d'alouette autobloquant de la page 107.) Cependant, en faisant cette attache pour que ses deux bouts soient de longueurs égales, ce qui permet de les coudre ou de les attacher ensemble et de former une élingue sans fin, on peut reproduire l'attache en anneau.

Nœud sur point fixe au milieu du filin.

Amarrez un bateau ou attachez un animal domestique à l'aide d'une sangle et de ce nœud.

Un nœud sur point fixe au milieu du filin agrippe et tient mieux qu'une simple boucle fixe, à cause de la plus grande surface de contact générant de la friction ; cependant on peut le défaire aussi vite et aussi facilement.

Méthode

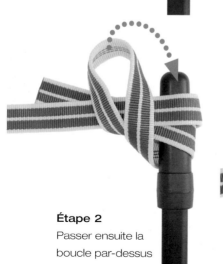

Étape 1

Former une longue boucle à la fin d'une sangle en lui faisant faire un quart de tour à 90 degrés. Passer cette boucle autour d'un poteau et sous le dormant double.

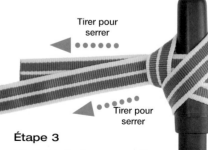

Tirer pour serrer

Tirer pour serrer

Étape 2

Passer ensuite la boucle par-dessus le poteau.

Étape 3

Finalement, s'assurer qu'il ne subsiste aucune torsion dans la sangle et tirer l'attache pour la serrer.

NŒUDS DE SANGLAGE

152

Attache ligne-mère

Cette attache est semblable à la demi-clé à capeler mais elle lui est préférable quand on utilise une sangle puisqu'elle est nettement plus sûre.

Avec des cordages, cette attache polyvalente a été utilisée par des meuniers pour fermer des sacs de grains et par des soldats à cheval – elle est toujours employée par quelques cavaliers et cavalières Américains de l'Ouest – pour attacher leur monture à un piquet.

Méthode

Étape 1

Passer le courant une première fois autour d'un poteau et lui faire croiser le dormant avant de faire une seconde passe.

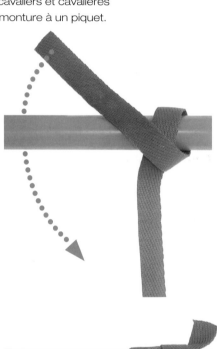

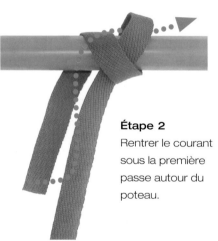

Étape 2

Rentrer le courant sous la première passe autour du poteau.

À SAVOIR

Terre et mer

Cette attache simple mais résistante a été la préférée des pêcheurs de morue professionnels qui l'utilisaient (avec des cordages) pour leurs filets. Efficace en mer, cette attache peut l'être tout autant sur terre.

Étape 3

Tirer le courant au travers de la première passe en s'assurant que la sangle est bien plate et soigneusement arrangée avant de serrer. Pour défaire cette attache rapidement, utiliser une boucle de l'évadé.

NŒUDS DE SANGLAGE

153

Nœud de grappin

Ce nœud se coince quand il est serré, ce qui le rend approprié pour les liens qui seront secoués ou tirés par intermittence.

Utilisez-le avec la drisse d'un drapeau ou les hale-bas et les bosses d'écoute attachés aux œillets de voiles d'un dériveur.

Garder le courant court et charger seulement le dormant de ce nœud tassé mais agrippant.

Méthode

Étape 1

Placer le courant autour de la base, le ramener en avant et le croiser par-dessus le dormant, dans ce cas-ci de gauche à droite. Continuer de le tourner autour du dormant et le ramener par-dessus lui-même.

À SAVOIR

Nœud ingénieux

Les bouchers ont autrefois utilisé ce nœud pour ficeler du « corned-beef » et du porc salé, et les pêcheurs à la ligne l'utilisaient pour attacher des lignes fabriquées de boyaux d'intestins ou de crins de cheval à des émerillons. Évidemment, c'est aussi le nœud de cravate considéré comme « la » cravate par les gens chics et avertis.

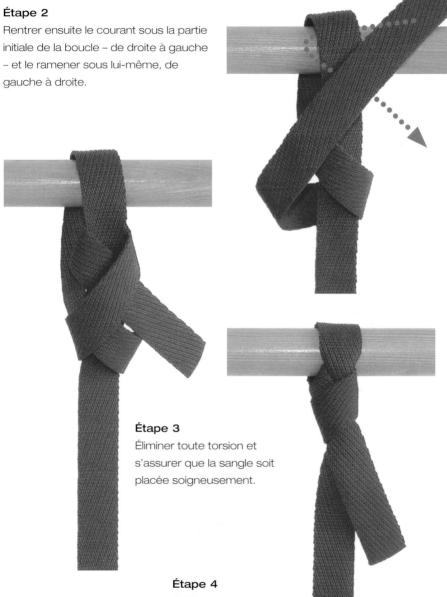

Étape 2

Rentrer ensuite le courant sous la partie
initiale de la boucle – de droite à gauche
– et le ramener sous lui-même, de
gauche à droite.

Étape 3

Éliminer toute torsion et
s'assurer que la sangle soit
placée soigneusement.

Étape 4

Finalement, serrer le
nœud et le glisser pour
le coller contre la base.

Nœud de filet maillant

Traditionnellement employé par les pêcheurs au chalut, ce nœud est extrêmement solide.

Vous pouvez l'utiliser comme solution sûre pour remplacer l'attache ligne-mère de la page 153. Le nœud de filet maillant (avec ou sans boucle de l'évadé) ne requiert pas beaucoup de soin pour ressembler au collet d'une veste puisque le courant est passé autour et derrière le dormant. Une fois noué, il adhère à sa base comme de la super colle à la peau.

Méthode

Étape 1

Passer le courant de l'arrière vers l'avant autour de la base et, ensuite, derrière le dormant de la sangle. Faire le tour de la base une fois de plus avant de rentrer le courant diagonalement et en descendant au travers de la première passe.

À SAVOIR

Options de nouage
Utilisez toujours la boucle, l'attache ou le nœud le plus rapide et le plus simple pour exécuter un travail mais quand une résistance et une sécurité accrue sont essentielles, considérez une version plus minutieuse qui, dans le cas du nœud de filet maillant, est l'attache à collerette (cf. pages 158-159).

Étape 2

S'assurer maintenant que toutes les passes et les tours sont soignés et qu'il n'y a aucune torsion dans la sangle.

Étape 3

Tirer les deux bouts pour serrer et sécuriser l'attache.

À SAVOIR
L'intérêt des filets

Les mots anglais « ossel », « ozel », « orsel », « norsel » et « nossle » sont tous des mots régionaux britanniques désignant une longueur de câble qui rattache un filet maillant de pêche en haute mer à ses cordages.

Variation

Pour dénouer rapidement ce nœud, au lieu de passer le courant au travers de la première passe, vous pouvez faire une boucle de l'évadé, comme sur l'illustration.

Attache à collerette

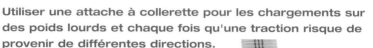

Utiliser une attache à collerette pour les chargements sur des poids lourds et chaque fois qu'une traction risque de provenir de différentes directions.

Elle est plus résistante et plus sécuritaire que le nœud de filet maillant, et quelques-unes de ces attaches supporteront même une balançoire d'enfant mais il faudra vérifier les nœuds après chaque utilisation.

Méthode

Étape 1

Passer le courant, de l'arrière vers l'avant, autour de sa base et ensuite derrière le dormant de la sangle. Le tourner autour de la base une fois de plus mais, cette fois, en le passant devant le dormant.

Étape 2

Passer le courant une troisième fois autour de la base et s'assurer que la sangle est bien passée à gauche de la première passe.

NŒUDS DE SANGLAGE

158

Étape 3

Passer ensuite le courant derrière le dormant et, de l'avant vers l'arrière, autour de la base une quatrième fois.

Étape 4

Finalement, en travaillant à l'arrière, rentrer le courant sous la pièce centrale de la sangle.

Vue arrière

Étape 5

Placer soigneusement chacune des deux «collerettes» pour qu'elles coincent bien entre elles le dormant et serrer le nœud complet.

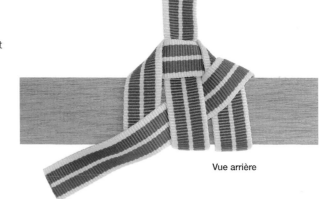

Vue arrière

Nœud de perche

Cette attache semi-permanente est très résistante et sécuritaire quand les tractions s'exercent de façon plus ou moins stable.

Son apparence est presque ornementale et il ressemble à une demi-clé à capeler particulièrement volumineuse.

Un type sur son dériveur, dont l'écoute de grand-voile avait glissé de sa perche de fixation, l'a rattachée à l'aide d'un cordon et de ce nœud. Il n'est pas seulement revenu à la jetée sans autre problème, il a laissé le nœud en place pour le reste de la saison de voile.

Méthode

Étape 1

Passer le courant, de l'arrière vers l'avant, autour de la base et le ramener ensuite vers l'avant, croisé par-dessus lui-même, et diagonalement autour de la base pour une seconde fois. Le ramener vers l'avant et, cette fois, le croiser par-dessus lui-même dans la position diagonale opposée et une troisième fois autour de la base. Une fois de plus, le ramener vers l'avant, le croiser par-dessus le dormant et se disposer à faire la quatrième passe.

À SAVOIR

Aucun desserrement
• Rappelez-vous ce mantra « par-dessus, par-dessus, par-dessus, par-dessus et rentrer » et vous vous rappellerez comment faire ce nœud.
• Serrer bien ce nœud un peu à la fois pour éviter qu'un manque de tension ne demeure dans quelque partie du nœud.

Étape 2

Compléter la quatriè-
me passe en croisant
le courant diagonale-
ment par-dessus lui-
même et le rentrer
sous la sangle
adjacente.

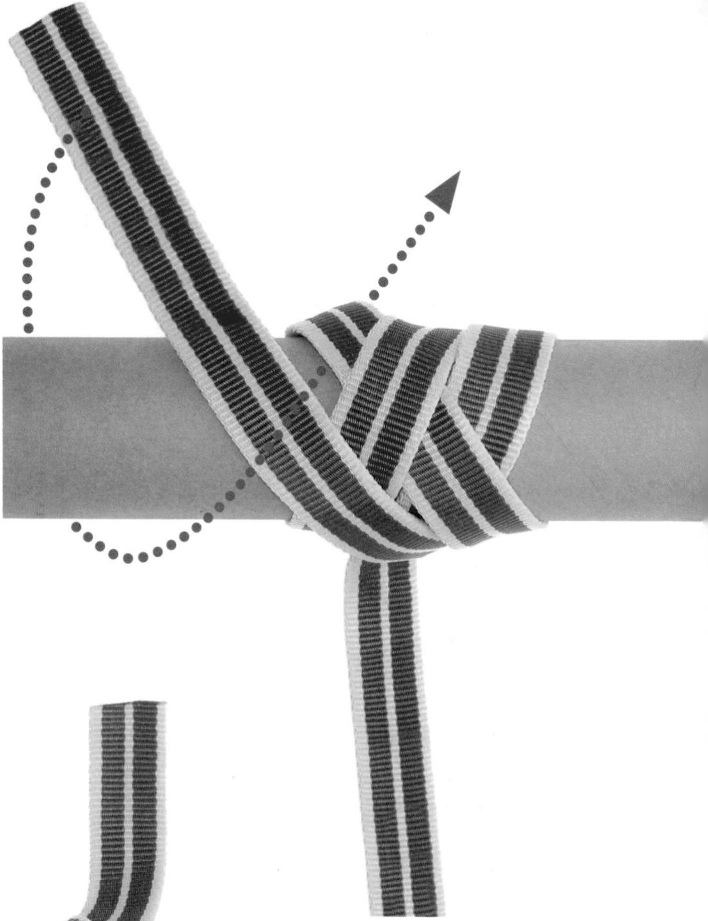

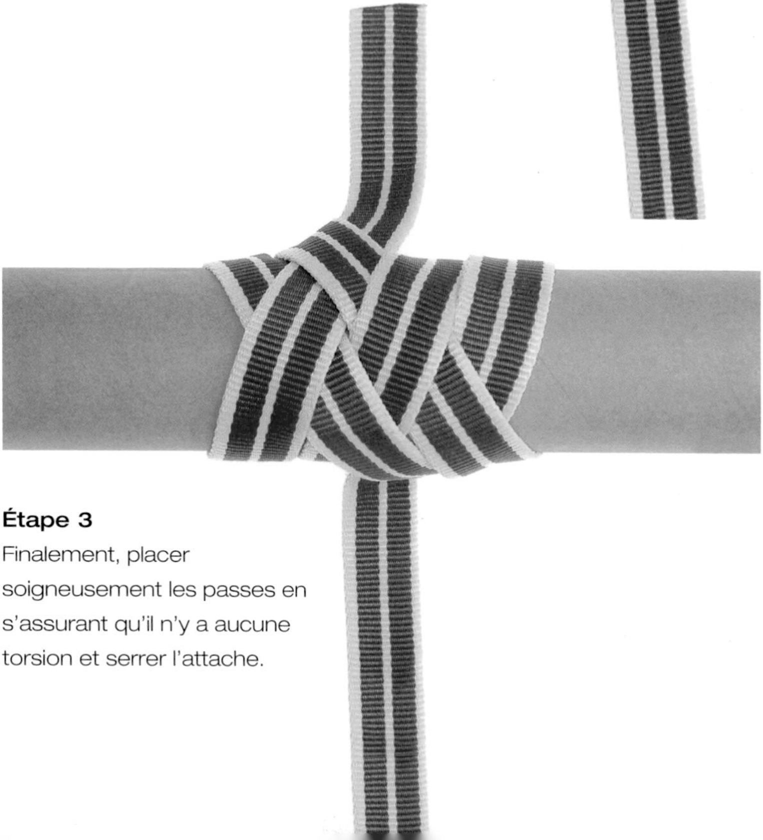

Étape 3

Finalement, placer
soigneusement les passes en
s'assurant qu'il n'y a aucune
torsion et serrer l'attache.

Attache glisse-et-prise
(montée par les bouts, à sens unique)

Cette attache innovatrice ne s'agrippe fermement qu'une fois que le chargement est assez bas ; elle absorbe l'énergie du choc au chargement en glissant.

Cette attache est ce qui ressemble le plus au crochet « tombé du ciel » (un point élévé de fixation, une troisième main ou un autre support utile) dont une personne aurait besoin pour se débrouiller.

Méthode

Étape 1

Faire une boucle croisée par-dessus (cf. pages 144-145) à chaque bout d'une sangle de 25 mm (1 po) de largeur. Positionner le centre de la sangle autour de la base et tourner les deux bouts en spirale autour de la base, dans des sens opposés, en les faisant se croiser où ils se rencontrent.

À SAVOIR

Le porteur

Charger cette attache la fait allonger, ce qui diminue son diamètre et lui permet d'agripper et de tenir, comme ce jouet chinois connu sous le nom de « piège à doigt ». Libérer le chargement, saisir le nœud et le pousser par l'un ou l'autre des bouts et il raccourcira, relâchera sa prise et se déplacera rapidement.

Les grimpeurs sont à l'aise avec le fait que, sous un chargement soudain, ce nœud peut en partie glisser avant d'agripper parce qu'il absorbe une partie de l'énergie jusqu'à ce que le chargement soit assez bas pour que l'attache et la corde (simple ou double) le supportent.

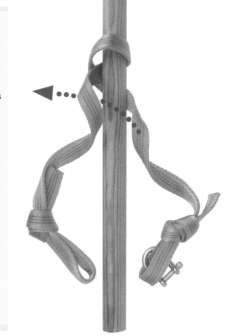

Étape 2

Ramener les deux longueurs vers l'arrière de la base pour que celle qui était passée par-dessus dans le croisement précédent passe maintenant en dessous de l'autre.

Étape 3

Ramener encore les courants vers l'avant et continuer cet enroulement par-dessus, dessous, par-dessus avec la sangle, en gardant la forme de losange entre les croisements aussi petite que possible, jusqu'à l'obtention de huit à dix croisements.

Étape 4

Finalement, arranger soigneusement les torsions de la sangle. Attacher le chargement aux deux boucles à l'aide de chaînes ou de mousquetons.

ATTENTION!

Cette attache devient lustrée et se desserre avec l'usage; soyez donc prêt à l'enlever avant que cela n'arrive.

Attache glisse-
et-prise
(montée par le centre,
à deux sens)

Avec cette attache, ancrer un bloc ou attacher un animal renommé pour défaire sa longe.

Il semble que ce nœud ait été mentionné pour la première fois en 1989 dans le guide de sécurité de la *Ontario Rock Climbing Association*.

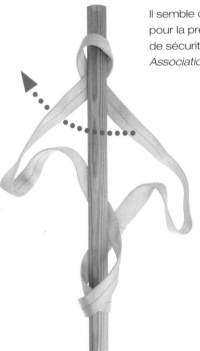

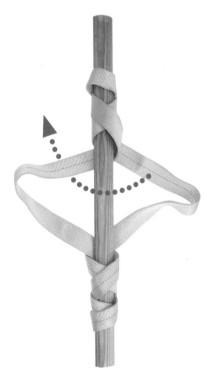

Méthode
Étape 1
Avec une élingue sans fin, faire le tour de la base avec les deux bouts – par le haut et par le bas – en laissant un espace au milieu. Croiser la sangle par-derrière [tout comme l'attache glisse-et-prise (montée par les bouts, à sens unique) des pages 162-163].

Étape 2
Répéter l'étape 1 en produisant une image inversée avec les deux bouts autour de la base.

Vue
arrière

Étape 3

Continuer cette
opération jusqu'à ce que
la base soit presque
entièrement couverte.

Vue arrière

Étape 4

Quand les deux boucles
lâches se rejoignent au
milieu, serrer soigneusement
l'arrangement et fixer ensuite les boucles avec une
chaîne ou un mousqueton
et attacher le chargement.

vous voulez en **savoir plus ?**

Attaquez-vous au niveau supérieur...

Voyez...
▶ **Nœuds de survie** —pages 114–135
▶ **Info sur les cordages** —pages 166–183

Autres sources
▶ **Les sangles et les cordes**
  www.acw1.com
▶ **Marchands de fournitures pour bateaux
  et magasins pour activités extérieures**
  Pour des fournitures de sangles de toutes
  sortes
▶ **Clubs et organisations**
  Adhésion au IGKT
▶ **Vidéo**
  www.thetievideo.com
▶ **Publications**
  *Simplified Turk's-heads de Ron Edwards,
  (2003),*

Informations

sur les cordages

Comme il est impératif de choisir le nœud le plus approprié au travail à accomplir, il est tout aussi important d'utiliser le bon cordage. Générale-ment, les nœuds pour la navigation sont faits avec des cordes marines, les nœuds pour la pêche avec des monofilaments et des tresses pour la pêche à la ligne, et la corde à usage ménager sert dans la maison. Les nœuds de survie sont faits à l'aide de câbles d'escalade. Le plus récent produit nécessitant des nœuds est le sanglage.

Matériaux de cordage

Le terme commun pour désigner des câbles, des cordes, des ficelles de toutes sortes pour faire des nœuds est le mot cordage mais on utilise occasionnellement le mot matière (matière épaisse, matière mince, matière bon marché, matière coûteuse) et elle peut être synthétique ou naturelle.

Synthétique

Le marché est maintenant dominé par les cordages en matières artificielles, inventées ou découvertes par des chimistes, et la plupart font partie de l'un ou l'autre des quatre P :

- Le polyamide (connu sous le nom de nylon®),
- Le polyester (mis en marché sous les noms de Térylène® et Dacron®),
- Le polypropylène,
- Le polyéthylène.

Ils sont généralement très résistants, flexibles et durables, bien que le polypropylène réagisse mal au rayonnement ultraviolet, qui raccourcit son temps de vie considérablement, et qu'il soit aussi sensible à l'abrasion. Ils peuvent être entreposés même mouillés sans risque de moisissure ni de pourriture.

▲ Les nasses à poissons et les casiers à homards commerciaux sont toujours fabriqués à la main selon un motif ancestral, mais des ficelles et des cordes synthétiques sont maintenant utilisées pour les filets noués.

Le **nylon** perd jusqu'à 15 pour cent de sa résistance quand il est mouillé mais la récupère une fois sec. Le polyester est légèrement plus faible que le nylon, mais il conserve sa résistance qu'il soit mouillé ou sec. D'usage cependant beaucoup plus pratique, le nylon s'étire considérablement sous le poids d'un chargement, tandis que le polyester a très peu d'élasticité inhérente (et le peu qu'il possède est souvent perdu par le préétirement effectué au cours de la production).

Le **polypropylène** est plus faible que le nylon ou le polyester mais il est moins coûteux, plus léger et il flotte. Pour supprimer sa rigidité naturelle et pour améliorer sa manutention, on fabrique le polypropylène sous plusieurs formes :

- Monofilament – fibre synthétique continue de diamètre uniforme et de section circulaire plus large que 50 microns, la plus résistante au ragage ;
- Multifilament – fibre synthétique continue très fine, de diamètre uniforme

◄▼ Les harnais spéciaux – approuvés et testés en conformité avec les lois relatives à la santé et à la sécurité aussi bien qu'avec la bonne pratique industrielle – nécessitent quand même des cordes convenablement nouées avant d'être mis au travail.

et de section circulaire de moins de 50 microns, qui est plus douce, plus flexible et plus facile à nouer;

- Fibre tournée – dans laquelle de longues fibres extrudées sont coupées en plus petites longueurs égrenées d'environ 15 cm (6 po) pour créer cette texture pelucheuse ressemblant à de la corde en fibre naturelle;
- Film fibrillé – peigné et câblé dans une matière brute, de courte durée de vie (mais très peu onéreuse), pour un usage unique.

Nouveaux venus technologiques

Les cordages qui sont plus populaires sont aussi plus légers mais plus résistants que les câbles d'acier et incluent:

- Kevlar/Twaron/Technora – des dérivés de la fibre aramide;
- Spectra/Dyneema – polyéthylènes de haut poids moléculaire (PEHM) ou haut module et stables sous l'effet des ultraviolets;
- Vectran – PCL ou polymère à cristaux liquides, thermoplastique, fil multifilamenté;
- Zylon – PBO ou poly [P-phénylène-3,6-benzobisoxazole] qui est jusqu'à 20 pour cent plus fort que le Vectran et le PEHM (Spectra, Dyneema).

> **ATTENTION!**
>
> Les cordes synthétiques peuvent lâcher si elles sont soumises à une friction générée par la chaleur au-delà de leur point de fusion connu:
> - Nylon = 210°C / 410°F
> - Térylène = 260°C / 500°F
> - Dyneema/Spectra = 165°C / 329°F
> - Vectran = 500°C / 932°F
>
> Soyez toutefois avisé qu'elles deviendront lustrées, fondront et s'affaibliront même à des températures inférieures.

Toutes ces super-fibres exotiques coûtent cher mais, à cause de leurs ratios résistance-poids surprenants et de leur faible élasticité, elles séduisent les amateurs de sports extrêmes bénéficiant de promoteurs capables de les leur payer. Pour pallier leurs lacunes connues, comme la faible résistance à l'abrasion, le peu de souplesse et la vulnérabilité aux rayons ultraviolets, ces produits sont généralement gainés de polyester.

Fibre naturelle

Les cordages fabriqués de matériaux végétaux ou d'origine animale ne sont pas utilisés autant par les nations industrialisées qu'ils l'étaient il y a cinquante ans, mais ils le sont toujours largement ailleurs. Le cordage communément appelé «mou» est fabriqué de tiges fibreuses de plantes (par exemple, le lin, le chanvre et le jute). Le cordage «dur» est fabriqué de feuilles (comme le sisal) ainsi que de fibres entourant des semences (le coton) ou même des coques de noix de coco (fibre de coco). Le dattier, l'écorce d'arbres, la canisse et le sparte sont d'autres sources de fibres naturelles, tout comme les matériaux d'origine animale (boyaux d'intestins, poils, soie ou laine).

Une des fibres naturelles la plus résistante et la plus durable est le **chanvre,** provenant de la plante du nom de *cannabis sativa,* bien qu'il soit moitié moins résistant que le cordage synthétique, mais le **manille,** provenant des feuilles du *musa textilis* (un bananier sauvage), est plus résistant à la pourriture que le chanvre s'il est mouillé.

Le **sisal,** tiré de plantes variées d'aloès et d'agave, particulièrement l'agave rigida variante *sisalana,* est un substitut peu coûteux au chanvre et au manille. La seule corde faite de végétaux qui flottera est la **fibre de coco.** Elle est élastique et résistante à l'immersion dans l'eau salée, de sorte que – bien qu'elle n'ait que le quart de la résistance du manille – elle

sert de ballons de défense à de petites embarcations et de câbles de manœuvre pour des lignes de virage. Au contraire, les cordes faites de **coton** blanc sont faibles (la fibre de coton étant courte) mais elles ont belle apparence. Et ces raisons font que les cordes de coton sont utilisées pour être joliment glénées – et non pour du travail réel - à bord de yachts coûteux et qu'elles sont encore employées comme cordes de barrière pour contrôler les foules sur les places publiques. Les ficelles de coton traitées contre la pourriture servent à fabriquer des filets dans l'industrie de la pêche en haute mer.

▲ Les câbles de remorquage, comme celui attaché à ce bogie de chemin de fer au Sri Lanka, devraient être élastiques (pour absorber les secousses soudaines) et être attachés sans angle abrupt (pour maintenir leur résistance à la rupture).

▶ Confection de cordages

Tous les cordages, naturels ou synthétiques, peuvent avoir une faible tension et être flexibles (tressés souplement) ou torsadés raide et serré (tressés rigidement) selon les caractéristiques voulues au moment de la fabrication.

La plupart des cordes en fibre naturelle et quelques cordes synthétiques sont composées de trois brins torsadés en Z (spiralés vers la droite ou dans le sens horaire) et elles sont dites commises en aussière. Les cordes composées de quatre brins sont plus flexibles mais pas plus résistantes et elles sont dites commises en hauban. Quatre brins ou plus créent un espace vide au centre de la corde, ce qui nécessite un quelconque fil épais pour former le centre (ou le noyau). Les cordes à trois ou quatre brins torsadés en S (spiralés vers la gauche ou dans le sens anti-horaire) sont moins communes.

Cordage commis en aussière

La fabrication des cordes en fibre naturelle qui sont commises en aussière comprend le peignage, la lubrification et la transformation par filature de lots sélectionnés de fibres naturelles d'une longueur limitée (égrenée) en fils torsadés en Z. Les fils synthétiques sont des lots de longs monofilaments, de multifilaments ou de films fibrillés extrudés (et

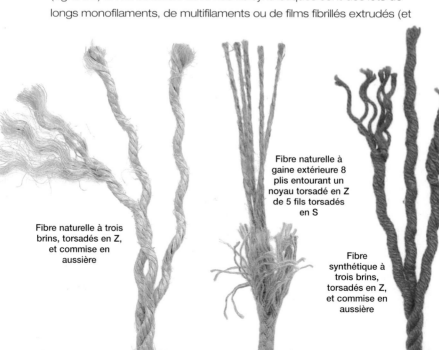

Fibre naturelle à gaine extérieure 8 plis entourant un noyau torsadé en Z de 5 fils torsadés en S

Fibre naturelle à trois brins, torsadés en Z, et commise en aussière

Fibre synthétique à trois brins, torsadés en Z, et commise en aussière

INFORMATIONS SUR LES CORDAGES

172

seulement occasionnellement de fibres tournées). Un lot de fils est ensuite filé pour créer des brins torsadés en S ; de ceux-ci, trois brins sont torsadés en Z pour créer la corde réelle. Cette combinaison de torsions et de contre-torsions produit la corde commise en aussière avec sa géométrie, son adhérence, sa flexibilité et sa résistance. La tension détermine si un cordage particulier est tressé souplement ou rigidement. Le nombre de fils ou de filaments d'un fil, et des fils de chaque brin, détermine son diamètre. Une subtilité supplémentaire, ajoutée par au moins un manufacturier, est l'incorporation à l'intérieur de chaque brin torsadé en Z d'un fil torsadé en S pour éviter le l'entortillement.

Confection avec le synthétique

La plupart des cordages synthétiques sont confectionnés à l'aide de fils monofilamentaux ou multifilamentaux parallèles, tressés en gaines de 8, 16, ou 32 plis, autour d'un noyau. Le noyau lui-

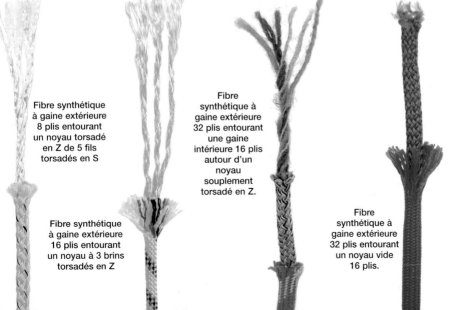

Fibre synthétique à gaine extérieure 8 plis entourant un noyau torsadé en Z de 5 fils torsadés en S

Fibre synthétique à gaine extérieure 16 plis entourant un noyau à 3 brins torsadés en Z

Fibre synthétique à gaine extérieure 32 plis entourant une gaine intérieure 16 plis autour d'un noyau souplement torsadé en Z.

Fibre synthétique à gaine extérieure 32 plis entourant un noyau vide 16 plis.

même peut être fabriqué avec trois brins, ce qui le rend résistant à l'usure ; il peut aussi être tressé, ce qui le rend plus facile à épisser, ou il peut s'agir de fils parallèles qui, malgré un noyau de construction plus solide, possède une faible résistance à l'usure et tend à être utilisé seulement avec des cordages 8 plis de petits diamètres. Cependant, selon leur confection spécifique, les cordes synthétiques peuvent être nommées grosso modo cordes à âme enrobée ou cordes tresse-sur-tresse.

Très peu de cordages à fibre naturelle sont tressés, les exceptions évidentes étant les cordes de fenêtres à guillotine, les drisses de drapeaux, les cordes à poulies des horloges de parquet antiques et les cordes à linge.

◀ Geronimo ! Dans cet ultime test de résistance et de sécurité de l'équipement, l'accélération gravitationnelle de ce casse-cou qui tombe est contrôlée et absorbée par l'élasticité de l'attache et du harnais du saut en bungee. Ce spectaculaire plongeon s'est produit aux chutes Victoria du Zimbabwe.

Évolution récente

La fabrication de cordes fuselées synthétiques pour le gréement à bord de voiliers est une de ces évolutions. Un noyau Dyneema ou Vectran, léger mais à haute résistance et à faible élasticité, est attaché au foc-ballon, une couverture intérieure profilée et lisse est ensuite ajoutée pour permettre les passes autour de l'engin de pont, et tout le long du dormant, une épaisse gaine extérieure de polyester mat et lisse est appliquée pour permettre une manutention aisée et efficace (mouillée ou sèche).

Un produit de l'ère spatiale très bien connu est le dispositif élastique d'appoint (ou bungee), un fil élastique gainé de polyester rugueux dont de courtes sections sont vendues avec des crochets aux deux bouts, ce qui permet d'attacher en toute sécurité des chargements sur des casiers à bagages de voitures ou de vélomoteurs.

À SAVOIR

Signes indicateurs
Les ports militaires et les gros acheteurs et consommateurs de cordages en fibres naturelles utilisaient un fil ligaturé d'une couleur spécifique à même leurs cordes pour désigner leur appartenance. On l'appelait le fil d'identification et il servait à prévenir les larcins puisque les voleurs avaient du mal soit à utiliser, soit à revendre de telles cordes sans révéler qu'ils les possédaient illégalement. Plusieurs cordes synthétiques comprenaient aussi un fil d'identification ou une bande d'identité indiquant le manufacturier ou les matériaux de la corde.

Les cordes synthétiques sont lisses et brillantes à cause de leur confection faite de filaments continus, lesquels peuvent les rendre moins faciles à la manipulation, au nouage et à l'épissure que la fibre naturelle. C'est pour imiter quelques qualités des cordes en fibre naturelle que les filaments continus sont égrenés, ce qui donne une texture de surface mate.

Les cordes plus épaisses sont fabriquées de l'une des deux façons suivantes : trois brins commis en aussière peuvent être torsadés en S pour créer un câble ou un cordage commis en grelin de neufs brins ; ou une corde 8 plis peut être fabriquée avec deux paires de brins torsadés en S et deux paires en Z, ce qui donne une corde souple mais solide à sections carrées résistante à l'entortillement. De même, une corde 12 plis peut être fabriquée avec deux triplets de brins torsadés en S et deux autres triplets de brins torsadés en Z tressés ensemble.

Ces divers types de cordes sont mis en marché sous diverses marques de commerce et, pour guider les acheteurs, les manufacturiers et les fournisseurs offrent des brochures détaillées décrivant la confection, l'usage, la résistance à la rupture et d'autres résultats d'essais sur la performance de chacune. Les spécialistes des magasins de vente au détail se feront un plaisir de vous expliquer ce que vous devez savoir.

Choisir un cordage

Que vous ayez besoin d'un cordage épais ou mince, tressé serré ou souplement, bon marché et brut ou onéreux et de pointe, soyez difficile et sélectionnez le meilleur pour le travail à accomplir.

Le cordage synthétique est plus solide que la fibre naturelle. La confection à âme enrobée ou tresse-sur-tresse est plus solide que la corde filigranée. Une corde qui a deux fois le diamètre d'une autre corde semblable sera quatre fois plus solide mais à cause de cette résistance additionnelle, elle sera plus coûteuse, plus lourde et sera sujette à plus de friction pendant l'utilisation.

En général, il est préférable d'acheter le cordage nécessaire le plus mince. Cependant, quand la corde est trop petite pour être agrippée confortablement, achetez-en une plus grosse (avec cette inutile résistance additionnelle) tout simplement pour avoir quelque chose d'assez gros à manipuler ou pour pouvoir ajuster des blocs, des taquets, des guide-câbles et autre attirail de manœuvre existant.

Descriptions des cordages

Un câble en fibre naturelle ou un cordage étaient autrefois désignés selon leur circonférence en pouces ; donc un cordage commis en aussière de 3 po, par exemple, avait seulement 1 po (25 mm) environ d'épaisseur. Après que les produits synthétiques eurent délogé les produits naturels et que le Royaume-Uni eut adopté les mesures métriques, la désignation des cordages a changé pour le diamètre en centimètres. Ce cordage commis en aussière de 3 po est alors devenu un cordage de 24 mm.

Tout ce qui est inférieur à 10 mm (3/8 po) est une corde, bien que les cordes très fines soient appelées ficelles (si elles sont bien confectionnées) et cordes (si elles sont brutes). Mais cette distinction est devenue floue maintenant que beaucoup de cordes synthétiques sont aussi résistantes que les cordages et qu'une fois de plus, quelques manufacturiers ont recommencé à décrire leurs produits par la circonférence. Soyez donc vigilant quand vous consulterez des

▲ Les épissures peuvent être plus solides que beaucoup de nœuds et cette balançoire de jardin dépend de la capacité à supporter le poids de ces deux épissures à œil, les brins individuels ayant tous été rentrés cinq ou six fois pour une résistance et une sécurité optimales.

◀ Ces balles de fils lubrifiés et ficelés ont été imprégnées d'un agent de conservation lors de la fabrication.

brochures de différents fournisseurs pour comparer des pommes avec des pommes.

Utilisations des cordages

Utilisez le nylon, avec son élasticité naturelle, pour les câbles d'escalade dynamique (qui devront peut-être supporter le choc de la chute d'un grimpeur), aussi bien que pour les câbles de remorquage de voitures et les câbleaux de bateaux. Le nylon est aussi le choix préféré pour la plupart des lignes à pêche.

En anglais, tout cordage ayant une utilisation spécialisée est appelé « line » (ligne), par exemple, « mooring line » (amarre), « tow line » (câble de remorquage), « washing line » (corde à linge). En mer, les haubans et les étais forment les gréements dormants (ou stationnaires) qui retiennent les mâts. Les drisses hissent ou descendent les voiles tandis que les écoutes les balancent au vent ; tout cela constituant les gréements courants (ou de déplacement).

▲ Les cordes attachées aux bouées de sauvetage comme celle-ci, qui sont accrochées autour des piscines publiques, sont probablement fabriquées de polypropylène (parce qu'il flotte).

◄ Que ce soit pour avancer ou pour monter, la tranquillité d'esprit dépend totalement de la confiance accordée aux points de liage et aux attaches utilisés dans la confection et l'assemblage de l'équipement spécialisé.

Pour toute tâche requérant une résilience à l'endurance, utiliser une corde possédant un noyau de nylon gainé de polyester tressé qui s'étirera pour absorber la traction intermittente et, en même temps, résistera à l'abrasion. Toutefois, un noyau à trois brins de polyester gainé de polyester sera exceptionnellement solide pour descendre des drisses de drapeaux, des haubans et des étais de radio, télévision, téléphone cellulaire et mât de voilier, ou tout autre type de mât.

Une corde huit plis préétirée (4-8 mm) est idéale pour la planche à voile; et les cordes Dyneema ou Vectran fournissent un effet combiné de faible absorption d'eau, de légèreté sans perte de résistance et de résistance réduite pour les sports extrêmes de surf en cerf-volant, de parachutisme ascensionnel et de parapente.

Pour les propriétaires de bateaux antiques, il existe un cordage de polypropylène égrené durable et résistant au rayonnement ultraviolet qui imite le cordage de chanvre ancien style sans ses faiblesses. De même, si vous préférez un cordage de clipper et que vous désirez l'authenticité, il existe du chanvre goudronné vendu en balles de lusin. Son odeur piquante – qui rappelle les anciens gréements – peut

À SAVOIR

Un prix à payer
Sachez que les cordages synthétiques polyvalents et modérément coûteux ainsi que ceux en fibres naturelles vendus dans les centres de rénovation ou les quincailleries n'auront pas les mêmes caractéristiques techniques de haut niveau que les cordages spéciaux (et souvent chers à vous couper le souffle) achetés chez des marchands de fournitures pour bateaux ou spécialisés pour le camping ou l'escalade.

dégager des sinus bloqués ; et, parce qu'il est résistant à l'eau, il est utilisé pour les fouets et les épissures à l'épreuve des intempéries ainsi que les amarres stationnaires robustes. Soyez cependant prêt à vous tacher les mains et tout ce que vous manipulerez avec cette substance salissante.

Acheter un guide

N'achetez pas de la corde de première qualité pour pratiquer des nœuds. La corde d'escalade est une des plus chères.

Les magasins de camping et d'activités extérieures vendent une corde très peu onéreuse de 5 mm (3/8 po) tressée en nylon blanc appelée Paracord en écheveaux de 15 m (49 pi) qui est pratique pour toutes sortes de travaux bizarres ; mais comme elle est vide et qu'elle a tendance à s'aplatir, elle n'est pas idéale pour apprendre et pour pratiquer des nœuds – à moins que vous tressiez une plus petite corde que vous insérerez comme noyau pour la garder ronde.

De la corde de polypropylène vert olive de 5 mm (3/8 po) peu coûteuse est vendue dans des longueurs semblables dans les magasins de surplus militaire. C'est une corde ronde rigidement tressée qui est appropriée pour nouer, bien qu'elle soit plutôt terne.

Cordages hauts en couleur

Les cordages en fibre naturelle sont généralement pelucheux, et soit blonds ou bruns ; tandis que les cordages synthétiques peuvent être blancs, noirs, ou de tout autre ton discret comme le bourgogne jusqu'au rose fluorescent extravagant. Vous pouvez choisir le vert menthe et le brun tourbe pour le jardin, le bleu méditerranéen pour la piscine, l'argent ou l'or pour une robe du soir et le tissage psychédélique d'une sangle pour vos bagages (pour les reconnaître facilement sur le carrousel des bagages de l'aéroport).

Variétés de cordages

Bien que les brochures à papier glacé présentent le plus souvent des cordages de voiliers, il existe aussi des cordages fabriqués et vendus pour les rampes d'escalier des maisons, les cordes de cloches pour les clochers d'églises, les barrières de contrôle de la foule pour les maisons historiques, les musées, les galeries d'art ou les scènes de crime, les cordages de contrôle des files d'attente dans les banques, les édifices à étages, les cinémas et les bureaux de poste. Il y a des cordes nouées utilisées pour les laisses de chiens, les guides de chevaux, les licous, les longes de manège et les harnais d'animaux de compagnie, d'autres cordes nouées pour remplacer les treillis pour plantes grimpantes et les filets noués pour protéger les fruits ou les légumes contre les animaux prédateurs et les oiseaux.

▲ Des bobines de cordages variés sont attachées avec des fibres filées d' «arrêt» (les ficelles foncées) nouées pour les garder intactes durant le transport jusqu'aux magasins de détail.

Le soin des cordages

Faites attention au cordage, utilisez-le soigneusement et il durera plus longtemps. Un manque de soins conduira à la dépréciation prématurée d'un bien coûteux et pourra nuire à la sécurité de l'utilisateur.

Entretien systématique

- Éviter les traitements non nécessaires et brutaux. S'assurer que l'usure et la détérioration sont réparties sur différentes sections en déplaçant régulièrement le cordage ou en le tournant bout pour bout.
- Réduire l'abrasion d'ensemble en utilisant le bon format de bloc, de guide-câble, de taquet ou de tout autre article de quincaillerie, et éviter l'usure localisée en insérant une cosse, une gaine de protection ajustée ou en prenant toute autre mesure anti-usure.
- Conserver le cordage loin de l'huile et de la graisse, de la saleté et de la poussière.
- Prévenir tout contact du cordage avec des produits chimiques forts ou des émanations.
- Éviter de soumettre le cordage aux chaleurs extrêmes incluant l'ensoleillement direct, la chaleur de frottement et le vol d'étincelles ainsi que le froid extrême avec la possibilité de gel ou la formation de cristaux de glace.
- Laver, rincer et shampouiner le cordage quand cela est raisonnablement possible s'il a été immergé dans l'eau de mer (pour le débarrasser des cristaux salés abrasifs) ou s'il devient imprégné de saleté et de poussière.
- Sécher en profondeur un cordage de fibre naturelle avant de l'entreposer, autrement il risque de pourrir.
- Inspecter tous les cordages et les réserver pour des travaux moins essentiels s'ils montrent des signes de fluage (étirement du noyau entraînant une gaine plissée), de lissage et de fusion causées par la chaleur de friction, ou de frisage, qui est un signe de coupure et d'effilochage des fibres.
- Séparer les cordages commis en aussière et commis en grelin pour voir s'il y a détérioration des brins, des fils et des fibres internes.

À SAVOIR

Première responsabilité
Un cordage qui est raide et incommode à manipuler est probablement à son meilleur. Au contraire, une fois qu'il est devenu souple, c'est qu'il a probablement déjà été meilleur. Utilisez-le alors pour apprendre à faire des nœuds et pour pratiquer.

Autres points à considérer

Évaluer la condition invisible interne des cordages à âme enrobée ou tresse-sur-tresse en examinant leurs utilisations précédentes. Les câbles d'escalade dynamique devraient tous avoir un carnet de route dans lequel sont enregistrés les périodes et les types d'utilisations ainsi que tout choc au chargement ou tout autre abus auxquels ils auraient pu être soumis. Les cordages utilisés soigneusement et seulement occasionnellement, à des intervalles de longue durée, peuvent être sûrs pour encore des mois, voire des années. Toutefois, la durée de vie de cordages soumis constamment à des usages excessifs ne peut être calculée qu'en semaines et, après avoir été soumis à une chute brutale, à des dommages provenant de la friction générée par la chaleur ou à toute autre tension violente, un cordage devrait être immédiatement jeté (ou déclassé pour une utilisation moins risquée).

▲ Les câbles d'escalade, les cordages et les accessoires doivent convenir aux besoins et être totalement fiables, tandis que les techniques de nœuds et d'encordement (bien que la pratique rende parfait) devraient toujours être vérifiées par un compagnon.

Entreposage

Les cordages devraient être soigneusement enroulés lorsqu'ils ne servent pas. Les cordages tressés peuvent être enroulés dans le sens horaire ou dans le sens anti-horaire. Quand ils sont roulés dans le sens horaire, donnez-leur un demi-tour additionnel dans le sens horaire pour chaque tour effectué ; et s'ils sont roulés dans le sens anti-horaire, ajouter un demi-tour additionnel dans le sens anti-horaire. Cette action annule la tendance du cordage à résister et donne un rouleau plus conforme et beaucoup plus soigné.

Quand un cordage enroulé est déroulé, tous ces demi-tours accumulés demeurent et ils doivent être défaits un à un à mesure que le cordage se déroule. Les cordages commis en aussière et torsadés en Z doivent être enroulés dans le sens horaire (ou par la droite) ; autrement, quand ils seront déroulés, ils se retrouveront avec une série d'entortillements barbares et laids qui peuvent les déformer et les endommager. Pour cette même raison, les cordages commis en aussière et torsadés en S doivent être enroulés dans le sens anti-horaire (par la gauche).

▼ Ces volumineux câbles 8 plis ont été lâchement enroulés et seront prêts à l'emploi quand il sera temps d'amarrer ou d'accoster.

Méthodes d'enroulement

Il existe de nombreuses méthodes pour enrouler les cordages selon qu'ils doivent être prêts à une utilisation immédiate, lancés comme ligne d'attrape, transportés (sans les mains) comme un sac à dos, rangés dans le coffre d'une voiture ou dans une malle ou dans un caisson à cordages de voilier, ou encore dans un entrepôt. Les cordages entreposés devraient être suspendus dans un endroit bien aéré où ils ne seront pas piétinés ; une méthode de base, montrée ici, pour attacher un cordage enroulé consiste à former une boucle par laquelle il sera suspendu.

Attache de base pour un cordage enroulé

Étape 1

Enrouler soigneusement le cordage et former une assez grande boucle lâche avec le courant. Tourner cette boucle lâche autour du cordage enroulé.

Étape 2

Ramener la boucle lâche par-dessus elle-même, sous le cordage enroulé une seconde fois et la rentrer sous sa première boucle.

Étape 3

Finalement, serrer le nœud obtenu. Le cordage alors enroulé est prêt à être suspendu.

Lexique

Âme enrobée Confection d'un type de cordage consistant en une gaine extérieure tressée autour de brins ou de fils centraux.

Ancrage Nœud qui relie ou joint les bouts de deux cordages ensemble pour qu'ils puissent être défaits plus tard.

Assurage Navigation – faire vite pour s'assurer à un taquet, un poteau, un anneau, un rail ou un mât ; Escalade – assurer un grimpeur en cas de chute.

Attache Nœud attachant un cordage à un objet ou à une corde inerte.

Aussière Cordage à trois brins torsadés en S ou en Z.

Boucle Boucle lâche avec un point de croisement ou boucle qui est nouée ou épissée.

Boucle de l'évadé Boucle lâche passée dans un nœud complété, ce qui le rend facile à dénouer plus tard.

Boucle lâche Boucle partielle en forme de U dans un cordage.

Bout dormant Bout inactif d'une corde ou d'un autre cordage.

Câble Cordage à trois brins commis en aussière (habituellement torsadés en Z) et enroulés ensemble par la gauche (torsadés en S) ; mais peut aussi vouloir désigner toute grosse corde.

Centrer doubler une longueur de cordage et en déterminer le centre.

Charge maximum pratique Évaluation du poids de chargement qu'un cordage supportera, en tenant compte des facteurs prévisibles comme le choc au chargement et les effets fragilisant des nœuds. Il peut s'agir d'aussi peu qu'un dixième de la résistance à la rupture mentionnée.

Cœur Cf. **Noyau**

Cordage Nom commun pour tous les types de câbles ou de cordes.

Corde Petite corde de moins de 10 mm (1/2 po) de diamètre.

Cordon Petite longueur de cordage ayant plusieurs utilisations comme attacher, fixer ou suspendre des outils ou des accessoires.

Cosse Doublure de plastique ou de métal, de forme ronde ou qui ressemble à une montgolfière, concave dans sa section droite pour protéger de l'abrasion un petit œil noué ou épissé.

Coude Deux points de croisement créés par la torsion additionnelle d'une boucle.

Courant Bout d'une corde ou d'un cordage utilisé pour faire un nœud.

Descendre en rappel Cf. **Rappeler**

Dormant Partie d'une ligne (corde ou cordage) entre le bout dormant et le courant.

Droite Cordage torsadé en Z.

Effet Mot informel pour tout type de cordage.

Efficacité Cf. **Résistance**

Entortillement Déformation dommageable causée par une boucle trop serrée.

Fibre naturelle Produit transformé provenant de plantes et utilisé pour fabriquer des cordages.

Fin Pêche à la ligne – le bout d'un nœud complété ainsi que le courant servant à nouer.

Gauche Cordage torsadé en S.

Kernmantel Confection du noyau et de la gaine extérieure de tous les cordages d'escalade.

Ligne Mot générique désignant un cordage à usage spécifique (ligne à pêche, ligne lancée, corde à linge).

Manille Équivalent pour la navigation d'un mousqueton de grimpeur, d'un anneau en acier inoxydable en forme de D ou de U qui ferme en toute sécurité à l'aide d'une cheville filetée ou d'un instrument de verrouillage semblable.

Monofilament Fibre synthétique continue de diamètre uniforme et de section circulaire plus large que 50 microns (0,002 pouce).

Mousqueton Anneau tout usage en acier ou en aluminium à ergot articulé, habituellement de forme ovale ou en forme de D, verrouillant ou sans maintien, utilisé par les grimpeurs.

Multifilament Fibre synthétique continue très fine de diamètre uniforme et de section circulaire de moins de 50 microns (0,002 pouce)

Nœud En général, toute complication dans un cordage mais en particulier ceux faits délibérément qui ne sont ni des ancrages ni des attaches.

Nœud coulant Boucle ajustable et glissante.

Nœud de baril Cf. **Nœud sanguinaire**

Nœud sanguinaire Nœud ou ancrage « corps et âme » fabriqué à l'aide de nombreux tours enveloppants.

Noyau Fils remplissant l'espace entre quatre brins (ou plus) d'un cordage synthétique et recouverts d'une gaine extérieure.

Œil Boucle nouée, agrippée ou épissée dans un cordage.

Œil dur Œil qui est renfoncé et protégé de l'abrasion par l'insertion d'une cosse.

Point d'ancrage Assurage sécuritaire ; cordage passé autour d'un objet fixe.

Prévalence manuelle Direction de la torsion des brins dans une corde commise en aussière ou une partie d'un nœud, soit torsadé en S (sens anti-horaire) ou torsadé en Z (sens horaire).

Rappeler Descendre à l'aide d'un cordage d'escalade stationnaire ancré que l'on peut habituellement récupérer.

Renversement Retournement ou déformation d'un nœud dû à un serrage négligent, à un mauvais emploi ou à une surcharge. Il peut aussi être fait délibérément pour défaire un nœud.

Résistance Efficacité relative d'un nœud exprimée en pourcentage de la résistance à la rupture d'un cordage contenant des nœuds.

Résistance à la rupture Calculs de manu-facturiers sur le poids d'un chargement qu'un cordage supportera avant de se rompre, en ne tenant pas compte de l'usure et de la détérioration, du choc au chargement ou des nœuds qui peuvent réduire radicalement cette estimation.

Retournement Cf. **Renversement**

Sécurité Capacité des nœuds – différente de la résistance – à supporter les vibrations, la traction ou un chargement stable sans glisser, se déformer ou se renverser et se retourner.

Soutenir S'assurer de la sécurité ou verrouiller le courant d'un nœud en l'attachant ou en le fixant au dormant adjacent.

Synthétique Cordage fabriqué à partir de monofilaments ou de multifilaments artificiels, de fibre tournée ou de films fibrillés.

Torsadé en S Enroulé ou tordu dans le sens anti-horaire..

Torsadé en Z Enroulé ou tordu dans le sens horaire.

Torsion Direction dans laquelle un cordage est torsadé (en S ou en Z) ainsi qu'un indice de sa confection (tressé souplement, tressé rigidement).

Tressé rigidement Tressé de façon à ne pas se déformer.

Tressé souplement Tressé de façon à rester flexible.

Tresse-sur-tresse Type de confection de cordages ou de câbles consistant en une gaine extérieure couvrant un noyau ou un cœur intérieur.

Verrouiller Cf. **Soutenir**

▶ Besoin d'en savoir plus ?

Pour faire un nœud, vous devez essayer de le nouer. Simplement lire comment le faire ne vous montrera pas à le faire. En tout temps, ayez une longueur de corde sous la main et amusez-vous fréquemment avec ; un nœud dont on ne peut se souvenir quand on en a besoin n'a jamais réellement été appris au départ. Une bonne mémoire pour se rappeler les nœuds n'est pas un don, c'est une récompense. Pratiquez chaque nouveau nœud encore et encore, jusqu'à ce que vous puissiez le faire de façon fiable, et préférablement sans regarder.

Les six nœuds du Surrey

Si nous avions tous à apprendre les six mêmes nœuds (et seulement six), lesquels seraient-ils ? Voilà une question discutable. La région du Surrey de l'IGKT (International Guild of Knot Tyers) a proposé d'un commun accord les nœuds suivants (tous sont décrits dans ce livre) :
• Le nœud de chaise
• Le nœud constricteur
• Le nœud en huit
• Le nœud de fouet
• Le tour mort et deux demi-clés
• Le nœud d'écoute

Briseurs de records

Le Livre Guinness des records accorde le record du meilleur temps de nouage pour six nœuds de navigateurs (« Boy Scouts ») à Clinton R. Bailey père, originaire de Pacific City en Oregon, aux États-Unis. Ces nœuds sont :
• Le nœud de chaise
• La demi-clé à capeler
• Le nœud plat
• Le tour mort et deux demi-clés
• Le nœud de jambe de chien
• Le nœud d'écoute

Son nouage, exécuté le 13 avril 1977 alors qu'il était un ancien combattant naval handicapé de cinquante ans, a pris un surprenant 8,1 secondes. Ce défi de six nœuds a attiré des foules aux événements de la IGKT mais, malgré plusieurs tentatives énergiques, personne d'autre n'a réussi de temps inférieur à 12 secondes (et presque tous les aspirants au titre de briseur de records ont chronométré aux environs de 16 secondes). Tous ces nœuds sont décrits dans ce livre.

▲ L'unique « ropewalk » de Chattam est la plus ancienne qui existe (construite en 1786), dans le plus grand édifice de ce genre au monde, et fabrique encore des cordages avec de l'équipement datant de 1811.

Attractions touristiques

• Visitez la « ropewalk » à l'intérieur du History Dockyard de Church Lane, à Chattam dans le comté de Kent ME4 4TG (téléphone : 01634 823800 / télécopieur : 01634 823801), un organisme enregistré de charité pédagogique du Royaume-Uni qui vise à promouvoir et à encourager l'éducation du public en utilisant des méthodes de fabrication traditionnelle de cordages. Assistez à une de leurs démonstrations publiques à l'intérieur du plus long édifice de ce genre dans le monde avec 338 mètres (1 128 pieds) ; la plus ancienne « ropewalk » (construite en 1786) toujours existante ; des cordages fabriqués avec de l'équipement datant de 1811 ; des artisans utilisant des techniques et des matériaux qui ont évolué au cours des 3 000 dernières années.

• Visitez les chantiers de construction de bateaux, les marinas et les quais pour voir la mécanique des exemples de nœuds et d'épissures.

• Rechercher des cordages et des nœuds sur les places publiques, par exemple : des cordes de cloches dans les maisons publiques ; des filets à pêche et des casiers à homards sur les bords des quais ; des panneaux de nœuds ornementaux dans les boutiques de cadeaux ; les modèles de nœuds celtiques sur les pierres tombales ; les gréements de cordages dans les cirques et les théâtres ; les foires artisanales et les voies navigables des îles.

▲ Gréements dormants et courants à bord d'une barge à voiles au bassin à St Katherine, à Londres, en Angleterre

▶ Cette sculpture frappante du nœud de chaise dans une boucle lâche, mesurant 3 mètres (9 pieds) ou plus de hauteur, est située à un bout de « Hermitage Wharf » à même le complexe régénéré de « London Docks ».

Remerciements

La plupart des cordages utilisés dans ce livre ont été offerts gratuitement par :

Marlow Ropes Limited (Marketing Manager Paul Honess), Hailsham, East Sussex, BN27 3JS, UK : téléphone : +44 (0)1323 847234.

Marlow est un des quatre groupes d'affaires dirigés par The Rope Company Limited, qui conçoit et manufacture des produits spécialisés utilisés partout dans le monde et qui touchent : l'aéronautique, le génie civil, l'escalade, la navigation commerciale, les cerfs-volants, le militaire, l'industrie automobile, les marchés maritime et naval, l'exploration pétrolière, les services publics et la sécurité au travail.

KJK Ropeworks (Kevin J. KeatleyIGKT), Town Living Farmhouse, Puddington, Tiverton, Devon, EX16 8LW, UK : téléphone : +44 (0)1884 860 692.

KJK est un manufacturier de cordages, de cordes et d'accessoires d'accastillage de haute qualité explicitement adaptés pour les œuvres artisanales et, grâce à ses clients internationaux, a dressé une liste de noueurs experts qui apprécient et utilisent ses produits.

Autres fabricants et fournisseurs de cordages du Royaume-Uni
- English Braids, Spring Lane, Malvern, Worcestershire WR14 1AL, UK : www.englishbraids.com
- Jimmy Green Marine (cordages, équipement d'accastillage et de sécurité), The Meadows, Beer, East Devon, UK : www.jimmygreen.co.uk

- Twistlink Ltd. (un vaste assortiment de tresses et de cordages, d'articles stockés et de lignes de produits en solde), Stadon Road, Anstey, Leicester, LE7 7AY : www.fabmania.com

Références des illustrations
Remerciements aux personnes ou aux organismes suivants pour les photographies de ce livre :

Clés d'interprétation : h = haut, b = bas, d = droite, g = gauche

Geoffrey Budworth 187 ; Gail Fifett, Chatham Historical Dockyards Trust (www.chdt.org.uk) 186 ; Sam Chandler, Colletts Mountain Holidays (www.colletts.co.uk) 6, 9, 35(h), 114, 136 ; Vicky Culver (www.vickyweb.net) 177(g), 179 ; Martin Hendry/m&n publishing 1, 2(g), 3, 10, 18(h), 19, 35(b), 38, 62, 84, 166, 168, 169(g), 176 ; m&n publishing 13 ; Jennie A. Meares 182 ; David et Fiona McKenna 174 ; Briony Davis et Jason Knights, Nikwax Ltd (www.nikwax.com) 29, 181 (photographe : Dave Willis) ; Karen Powell (7h) ; Nina Sharman/m&n publishing 18(b), 177(b) ; Adam Spillane 2(d), 169(b), 178 ; Mary Taylor/Food Matters Tours (www.foodmatters.co.nz) 171

Toutes les photographies des nœuds et des cordages prises en studio : Colin Sherwin

Index